中西小說理論要義

張　健・謝綉華著

文史哲學集成
文史哲出版社印行

國家圖書館出版品預行編目資料

中西小說理論要義 ／ 張健,謝綉華著. -- 初版.
－臺北市：文史哲, 民 93
　面：　公分. -- (文史哲學集成；488)
含參考書目
ISBN 957-549-563-2 (平裝)

1.小說 － 評論

812.78　　　　　　　　　　　93011388

文 史 哲 學 集 成　　　488

中西小說理論要義

著　　者：張　　　　　健 · 謝　綉　華
出 版 者：文　史　哲　出　版　社
http://www.lapen.com.tw
登記證字號：行政院新聞局版臺業字五三三七號
發 行 人：彭　　　　　正　　　　　雄
發 行 所：文　史　哲　出　版　社
印 刷 者：文　史　哲　出　版　社
臺北市羅斯福路一段七十二巷四號
郵政劃撥帳號：一六一八○一七五
電話886-2-23511028 · 傳真886-2-23965656

實價新臺幣二六○元

中 華 民 國 九 十 三 年 (2004) 六 月 初 版

自　序

　　本書係由六篇論文所構成。

　　其中〈中國古典小說理論論要〉是本人根據個人教學研究及前人研究成果所合成的一篇綜合性論文，由此可以洞悉中國歷代關於古典小說的理論及重要批評之內涵。

　　〈《二十世紀世界小說理論經典》面面觀〉一文，乃是我的高足謝綉華根據中國社會科學院外國文學研究所呂同六主編的一部巨著（分上下兩冊）所作的論述，包涵頗為廣泛，陳述亦相當清楚。文成後我曾予以仔細修訂及補充。

　　此外，〈中西小說發展過程中的一些歧異現象〉一文，原係本人在中華民國比較文學學會學術演講會上的講稿，事後又經一再修改而完成者。

　　附錄三論文，一為《張愛玲新論》（書泉出版社版）之緒餘，一為我應邀參加北京大學 2000 年所舉辦的「金庸小說國際學術研討會」時宣讀的論文，一為我在 2001 年參加中山大學的「當代文學學術會議」所發表的論文。三文雖非小說理論，乃小說評論之作，故錄刊於此。

　　綉華是中國文化大學中國文學研究所的一位優秀研究生，秀
外慧中，天資穎悟，又肯努力，我擔任她的指導教授，時予開導
督促，不斷精進，前途可期。特此誌謝及誌慰。

張　健

2004 年 6 月於華岡中研所

中西小說理論要義

目　錄

中國古典小說理論論要

張　健

壹、中國最早的小說理論

中國最早的小說理論出於漢代，但頗爲簡略。

一、漢書藝文志序：「小說家者流，蓋出於稗官，街談巷語，道聽塗說者之所造也。」

二、桓譚的《桓子新論》：「小說家合叢殘小語，近取譬喻，以作短書，治身理家，有可觀之詞。」

都只涉及「小說」的內容及創作源起。而且他們所說的「小說」，性質近於傳說和說教，還不能算是一種很正式的文學作品。

貳、中國古典小說理論的發皇

明代以前，中國古典小說已經經歷了古代神話傳說、魏晉南北朝志怪志人小說、唐代傳奇、宋代話本小說等階段。但是一直

到明代萬曆年前後，中國古典小說美學才真正開始發展起來。在明末清初以及後續的年代中，中國古典小說理論達到了鼎盛時期。其原因有四：

第一，宋代以後，中國古典小說有很大的發展。到了明代，在小說藝術的創作方面積累了極為豐富的經驗。這種藝術創作的經驗，必然要求得到理論上的反映，從而大大推動了小說美學的發展。

第二，明代中葉以後，資本主義興起，城市新興的市民階層也日益壯大。與這種資本主義的萌芽和市民階層的發展相應，在文學領域和美學領域出現了一股現實主義、人文主義的思潮。以李贄為主要代表的思想自由的潮流，給了人們新的理論和眼界，因之，歷來對小說的輕視態度改變了，人們開始認識到小說在文學上的價值，並且開始把小說作為一種審美創造活動來作理論的研究和探討。

李贄提出了「童心說」，他認為「童心」就是「真心」或「赤子之心」。他認為文學作品總是作者的真摯感情的流露，故如果作者本人的感情是虛偽矯飾的，他就不可能寫出感人至深的作品來。他認為只有具有真情感的「童心」，才能寫出「天下之至文」。為了保持「童心」，李贄反對用封建禮教的統一規範來扼殺每個人的個性，他主張只有「好察」「百姓日用之邇言」，才能夠保持「童心」。根據「童心說」，他肯定了小說在文學領域中的價值。

第三，明代萬曆年前後出現的小說評點（前始於宋末的劉辰

翁），爲小說美學提供了一種自由的形式。在小說評點中，不但
發表了對某部小說的評論，而且發表了對於小說的一些理論上的
見解。小說評點既可以對讀者的閱讀欣賞進行指導，又可以對作
家的創作經驗進行總檢驗；既可以對作品總體進行美學評價，又
可以對作品的細部進行具體的藝術分析；既可以從各個角度議論
作品本身的得失，又可以結合作品的評論，探討各種美學理論問
題。小說評點使中國古典小說理論得到更自由的表現方式，因而
促進了中國古典小說美學的發展。

　　第四，恰逢中國文化史上百花並放、百家齊鳴的時世——梁
啓超等稱之爲中國的文藝復興時代，小說理論亦應運而孳長。

參、李贄、葉晝的主要理論

　　在中國古典的小說美學發端時期，代表人物則是李贄、葉
晝、馮夢龍。他們提出的小說理論，主要有下列幾點：

一、小說的真實性

　　什麼是小說所要求的真實性？是毛宗崗說的「真而可考」的
真實？

　　李贄（一五二七——一六○二年）、葉晝把「逼真」、「傳
神」等範疇作爲評價小說的最基本的美學標準。葉晝強調的小說
的真實性，主要是要求小說寫出社會生活、社會關係的情理，然

而並不排斥藝術虛構。換句話說，葉晝說的「逼真」、「肖物」、「傳神」，都是要求寫出社會生活的「真情」，而絕不是要求「實有其事」、「實有其人」。

他們所講的小說的真實性，雖未必實有其事其人，但必須是情理所必有，即我們通常所說的「合情合理」。情即人情，指人類固有的帶普遍性的情感和情慾；理即物理，爲事物存在和發展的客觀規律。一切藝術虛構只要符合這個「情理」即合乎生活的必然性、規律性，那麼假的也就成了真的。「合情合理」成了中國古典小說理論評騭小說的一個最基本和最重要的標準。

要而言之，小說家在真實生活的基礎上，經過合乎情理的藝術虛構，最終還得通過藝術描寫，達到藝術真實的境地。

葉晝還提出了一個藝術的永恆性問題。按照他的看法，好的小說具有不朽的價值，永恆的生命。他認爲小說藝術的生命力就在於它真實地反映了社會生活的情狀，小說家的虛構是以社會生活爲基礎的，小說家如果脫離社會生活，也不可能寫出好的小說。他的看法，爲中國古典小說美學奠定了寫實主義的基礎。

二、人物形象

中國古代小說批評較早就把塑造具有獨特性格的人物典型作爲小說創作的重心。特別是明代中葉以後，隨著資本主義的發展，個性的因素也得到發展，個人的遭遇、個人的命運、個人的性格開始受到重視。就是李贄所說的「天生一人，自有一人之用」。這種個性解放的思想，構成了中國古典小說美學強調人物描寫個

性化的時代背景。

　　葉晝在其評《水滸傳》的文章中就已初步接觸到人物的個性化問題，他提出的所謂「同而不同處有辨」，所謂「形容刻畫來各有派頭，各有光景，各有家數，各有身分，一毫不差，半釐不混」，正是他對人物個性化的一種概括。還有，他對配角的重視，也是這種看法的反映。

　　葉晝還分析人物心理描寫，這意味著中國古典小說並不排斥直接的心理描寫。由於心理描寫常常影響人物的性格行為，所以生動而形象地揭示人物的心理，不僅補充人物外形描繪的不足，更是闡明人物個性的重要手段。

三、小說藝術的形式美

　　在小說中，人物性格要靠語言文字來表現，但是葉晝認為小說中的語言文字不應該突出自己，反而應該否定自己，讓人物性格突現出來。

　　照中國古典美學的看法，真正的藝術形式美，不在於突出藝術形式本身的美，而在於通過藝術形式把藝術意境、藝術典型突出地表現出來。

　　中國古典美學的這個思想，最早見於《莊子‧外物》：「言者所以在意，得意而忘言」。後來王弼在《周易略例‧明象》中，進一步發揮莊子的這個論點。還有很多文學家和藝術家都認為，藝術的形式美不應該突出自己，而應該否定自己，從而把藝術的整體形象突出地表現出來。例如，鍾嶸在《詩品序》中說，藝術

形式美的過分突出，會損害藝術整體形象的美。又如，在賀貽孫
《詩筏》、袁枚《隨園詩話》中，他們都提出藝術形式美只有否
定狹隘的自我才能實現自己的看法。

由此可見，真正的藝術形式美不是爲了突出形式美本身，而
是使整個藝術形象表現出來。

肆、馮夢龍的小說理論

馮夢龍（一五七四──一六四六年）在《醒世恆言·序》中
談到他編寫「三言」的意圖和宗旨：「明者，取其可以導愚也。
通者，取其可以適俗也。恆則習之而不厭，傳之而可久。」他闡
述了他對小說的社會意義和思想價值之深刻認識。

從這一要求出發，他研究了歷代的小說，認爲通俗小說更有
普及性和感染力。他說：「大抵唐人選言，入於文心，宋人通俗，
諧於里耳。天下之文心少而里耳多，則小說之資於選言者少，而
資於通俗者多。……雖小誦《孝經》、《論語》，其感人未必如
是之捷而深也。噫！不通俗而能之乎？」因爲社會上畢竟是文人
少而民眾多，故小說多適應群眾的審美需要、審美趣味和文化水
準。由於小說的通俗性，使人一聽就懂，當場即有反應，對人的
感化、教育作用之「捷而深」，超過了儒家的經典。馮夢龍在《警
世通言·序》中舉「里中兒」的故事，他從「里中言」聽了「刮
骨療毒」的故事而能鼓起勇氣，「創其指」而「不呼痛」，進一

步指出小說對人產生的感染、教育作用。

伍、金聖歎的小說理論

一、小說的社會批評性

金聖歎（一六〇七——一六六一年）認為文學作品是社會生活的反映。因此他強調小說的批判性，而且提出「發憤之作」之說，主張作家應對社會有強烈的責任感。

金聖歎認為，施耐庵寫《水滸傳》的目的是批判政治的腐敗和社會的黑暗，表達民眾的心聲。他認定水滸人物所以起來造反，根源於政治的黑暗，「亂自上作」，也就是「官逼民反」。

二、小說與歷史的區別

他論述了歷史和小說的區別，強調小說家和歷史家的處理態度和方法的不同。史家修史為了保存史實，只作因果的敘述（「以文運事」）；小說家為文則是以自己的心志為主，為了達意，便寧可犧牲史實，附以個人的想像，而積極的修辭寫作（「因文生事」），也就是說小說隨筆發放，毫不受任何實存事件約束。故小說家處理它的素材特別著力的，不是實事，而是藝術形象。因此小說家對於生活素材要進行「隳括」、「張皇」、「附會」、「軼去」。

　　小說家所要求的真實性，不是「實有其事」，「實有其人」，而是「合情合理」。金聖嘆把小說的這種真實性稱之為「未必然之文，又必定然之事」。所謂「未必然之文」，是指小說的藝術形象是作家的虛構，作家的獨特的創造；所謂「必定然之事」，就是指小說的藝術形象合情合理，合乎生活的邏輯，具有真實性。

三、作家靈感論

　　他用「靈眼覷見」、「靈手捉住」來說明作家創作的過程。他所講的靈感是指一種認識活動、思維活動。他認為靈感的發生是一種偶然的事情，往往不是人們刻意追求得來的。靈感是外界景象與作家內在情感的偶然遇合才有的美感經驗。其實這種美感經驗是作家累積許多心力之後所產生的。因此可說是偶然之必然。而這種經驗是很容易變質的，所以必須即刻用「靈手捉住」。將這種經驗透過文字的運用表達出來，成為寫定的文學作品。

四、人物典型論

　　他認為《水滸傳》之所以能使人百看不厭，就因為它塑造了各種類型的人物形象，成功地寫出了各人的不同性格。他說：「別一部書，看過一遍即休。獨有《水滸傳》，只是看不厭，無非為他把一百八人性格都寫出來。」這就強調了小說塑造人物形象和表現人物性格的重要性。

　　關於塑造典型形象，他認為要寫出人物的性情、氣質，強調人物語言要個性化。「《水滸》所敘，敘一百八人，人有其性情，

人有其形狀，人有其氣質，人有其聲口。」這就是說，寫典型人物要寫出他的性格特徵。這個性格特徵，不僅要表現在他的外貌和富有個性的語言上，還要表現在他的性情和氣質上。特別把寫出人物的氣質作為塑造典型形象的一個重要方面。作家如果不能深入到他所塑造的人物的內心世界，把握人物的特定氣質，也必不能把人物寫活。

　　他同時提出，人物的行動對性格刻劃的重要性。人物的一舉一動都顯示他在社會生活中所處的特殊地位，顯示他的獨特性格，以及在特定場合下的心理狀態。

　　他還對書中同一類型性格的描寫作了更深入、精確的分析：「《水滸傳》只是寫人粗鹵處，便有許多寫法，如：魯達粗鹵是性急，史進粗鹵是少年任氣，李逵粗鹵是蠻，武松粗鹵是豪傑不受羈，阮小七粗鹵是悲憤無說處，焦挺粗鹵是氣質不好。」這裡明確地指出了寫的雖是同一類型的性格，但能夠呈現同中之異。具有不同氣質類型的人，可以形成同樣的性格特徵。而具有同一種氣質類型的人，也可以展示不同的性格特徵。

　　《水滸傳》人物眾多，為使人物個性鮮明，金聖嘆提出「背面敷粉法」，以人物性格的特質互相映照，以突出人物的獨特性。對比的藝術除了以人物性格特質為對照，又以對同一事件的反應作對比，顯示性格上的特點。

　　金聖嘆認為《水滸傳》之傳奇色彩是最豐富的部分，必定要符合情理和人性。尤其武松打虎的場面中，雖然演出神威的形象，可是在描寫武松不是神，而是凡人的這一點，他認為更有價值。

像這樣，他不用其他的作家把英雄人物神化的方法，而把《水滸傳》的英雄人物如實地似「寫極駭人之事」，「用極近人之筆」的寫作法來處理。

　　他同時注意到人物和環境不能脫離的關係。他要求寫作時，環境與人物需有有機性的統一關係，因為如果沒有具體的環境，則小說中的人物將會喪失其現實性和真實性，容易變得極抽象化。因此他強調符合人物的性格特徵之具體環境的描寫。他為了實現這種具體的描寫，而強調要使用重視細膩情節的描寫方法。運用細節描寫的目的，是為人物活動創造出一個獨特的環境和氣氛。小說與繪畫或戲劇不同，故事的情節進展時，因讀者容易忘記前面的環境描寫，所以作家通過細節描寫，提醒讀者小說中的環境和氣氛。如果在描述內容中，有使讀者容易忘記前面環境的描寫時，將會使人物活動喪失具體的背景，且缺乏真實性。

　　作家既不是偷兒、淫婦，但卻能使這類形象活現紙上。那麼，作家怎麼可能寫出這些不同的人物呢？金聖嘆以「格物君子」稱施耐庵，這意味著強調一個傑出作品的創作，不是在於作家主觀的幻變，而是在於以長時間的觀摩和體驗的基礎上所建立的事實。施耐庵把實際生活中的各種人物和事物，透過長時間細心的體驗和研究，不僅創造出各式各樣的人物形象，甚至突現出對事物描寫的技巧。他認為「格物」有其方法，就是懂得「大千一切，皆因緣生法」。他認為世上萬物是依一定的根據和條件生成的。金聖嘆的格物說要求作者有寫實的能力；他最討厭人家寫人云亦云的印板文字，必須作者本身有足夠的訓練能夠抓住每個人物的

不同的「因」「緣」，使他的作品的人物都各具神色，活靈活現。

五、小說情節論

金聖嘆認為《水滸傳》故事情節的一個優點，就是著眼於人物性格。他還指出，在《水滸傳》中也有相反的情形，就是人物為情節服務：有的次要人物，作家把他們創造出來，並不是著眼於這些人物本身的性格和命運，而是為了推動故事情節的發展。他稱之為「借勺興洪波」。

他認為情節盡量曲折，人物性格卻必須分明。他提出了「敘事微，用筆著」的原則。

他強調要在類似的事件中寫出完全不同的情節，從而顯示出生活的豐富多采，能引起讀者的興趣。

他認為，情節有時也不妨中斷一下。這些停頓可造成小說情節欲揚反抑的節奏，打破平鋪直敘的單調，使文勢搖曳生姿。他認為如此一頓使筆勢踢跳，產生「極力搖曳，使讀者心癢無撓處」的效果。還有將描寫兩種不同典型的故事連接起來，能使欣賞者在審美趣味上有所轉換，進而達到加倍的美感享受。

他還注意到情節的傳奇性，然而這些傳奇性均未脫離現實的範圍，符合生活本身的邏輯。正如他所說：「真乃天外飛來，卻是當面拾得」，「猶如怪峰飛來，然卻又是眼前景色」。所謂「天外飛來」、「怪峰飛來」，所指的便是情節安排上出人意表的傳奇性。所謂「當面拾得」、「眼前景色」，則是情節不能脫離現實性。情節的傳奇性和情節的現實性應該是統一的。

六、小說語言論

　　金聖嘆對小說的語言十分重視。首先,他強調小說語言要求具體形象的準確性。第二,他強調小說語言要求表現力。他認為小說語言的準確性,並不能依靠大量的華麗詞藻,而應該盡量用簡潔的語言,把對象的本質和特點鮮明生動地表現出來。這就要求作者尋找、選擇和提煉最有表現力的詞句。第三,小說語言的容量問題。在一般情況下,一定的字、句只能表現一定的生活內容和思想內容,其直接涵義是有限的。但是經過作家的熔鑄提煉,這一定的字、句,卻可以超出這字句本身的直接含義,包含更豐富、更深刻的內容,從而擴大了語言的容量。第四,小說語言的喜劇性。他認為,語言的幽默性、喜劇性可產生一種快感和喜悅感,從而使讀者獲得更深的美感享受。第五,小說語言的形式美。包括詞藻和修辭技巧。其實他所指出的這些語言的形式美,並沒有脫離小說的內容。

陸、毛宗崗的歷史小說觀

　　在中國文學史上,歷史小說是否容許虛構,是始終爭論不已的問題。毛宗崗批《三國演義》中托名金聖嘆的序文中說,《三國演義》是「據實指陳,非屬臆造」,因此「堪與經史相表裡」。他又在《讀三國志法》中說:「讀《三國》勝讀《西遊記》。《西

遊》捏造妖魔之事，誕而不經，不若《三國》實敘帝王之實，真而可考也」。由此觀之，毛宗崗對歷史小說的看法：歷史小說的特色是「據實指陳，非屬臆造」，「實敘帝王之實，真而可考也。」因此，歷史小說應該是歷史事實的實錄，而非臆造、虛構。

毛宗崗認為一部歷史小說的優劣，其關鍵在於所記載的歷史事件是奇妙或平凡，因此特別強調歷史小說對歷史事件的依賴。他認為《三國演義》「敘三國不自三國始」，而是繞乎其前，出乎其後，多方盤旋曲折，是很巧妙的。《讀三國志法》曰：「古事所傳，天然有此等波瀾，天然有此等層折，以成絕世妙文。」

歷史的演化原本就是詭譎多端，故成就了《三國演義》這樣的「絕世妙文」。三國之爭的結果，既非一統於蜀，亦非一統於吳，又非一統於魏，而是由晉一統天下。《讀三國志法》云：「幻既出人意外，巧復在人意中，造物者可謂善於作文矣。」又云：「今人下筆必不能如此之幻，如此之巧。然則讀造物自然之文，又何必讀今人臆造之文哉！」運用造物者的安排成為小說成敗的首要關鍵。

他並非全面性的否定歷史小說的創造性，甚至認為歷史小說的創作比一般小說更難。在《讀三國志法》中提出，在「一定之事」的範圍裡，作家可以想像或臆造的空間太少，因此特別需要「匠心」。

毛宗崗認為歷史小說是要「據實指陳」的，因此限制了作者充分發揮想像力與自由任意的創造。但在「敘一定之事，無容改易」之中，特別強調作者的「匠心」。大體上說，他的歷史小說

觀念是屬於歷史學家的，可說是一種倒退的小說觀念。

　　以下再分述其細部的小說理論：

一、小說人物論

　　毛宗崗認為作家是從一些抽象的道德概念出發，而小說中的人物就成了正面或反面道德概念的體現。他將典型人物分為兩類：一種是比較單純的，只突出某一方面的特點。另一種人物則具備多種性格特點的總和。毛宗崗在《三國演義》指出：諸葛亮是賢相的典型，為「古今來賢相中第一奇人」；關羽是名將的典型，為「古今來名將中第一奇人」；曹操是奸雄的典型，為「古今來奸雄中第一奇人」，毛宗崗稱之為「三奇」、「三絕」。

　　毛宗崗認為典型人物的性格特點，都是通過這些人物的獨特的行為，通過一系列典型情節表現出來的。毛宗崗繼承葉晝、金聖嘆強調典型人物的個性化，他還強調描寫同一類型的人，要寫出各自獨特的性格。

　　毛宗崗提出人物塑造的方法。首先，「用襯」的方法，就是在性格對比中刻劃典型性格。這是金聖嘆提出過的「背面敷粉法」。毛宗崗又把用襯方法分為「反襯」與「正襯」兩種。「反襯」是用對立的性格特點來互相襯托；「正襯」是用相同的性格特點來互相襯托。毛氏認為「正襯」比「反襯」更能突出人物的特質。第二，毛宗崗認為小說塑造人物形象，矛盾衝突越尖銳、激烈，就越能鮮明地顯示人物性格。第三，「化靜為動，層層渲染」的方法，這是指透過對人物外部特徵一層一層的描繪，使人

物輪廓逐漸清晰、浮現出來的方法。這種寫法在開始時留下餘地，能打動讀者的好奇心，使讀者對這個角色更加關注，人物形象也逐漸完成了。第四，「隱而愈現」的寫法。這是將主要人物隱藏在文後，通過其他角色或四周環境來烘托主要角色的寫法。

二、小說結構論

毛宗崗認爲小說的結構方法，是從現實生活本身來的，他引用杜甫的兩句詩：「天上浮雲如白衣，斯須改變成蒼狗」，說明世事如白雲蒼狗之變化多端。由於社會生活變化多端，小說應該採用「星移斗轉，雨覆風翻」的方法。這就是他所說的：「事既變，敘事之文亦變。」

但是儘管世事多變，充滿了偶然性，終究是有因果聯繫可尋的。所以敘事方法要注意上下相引、前後呼應（「隔年下種，先時伏著」、「添絲補錦，移針勻繡」、「奇峰對插，錦屏對峙」），文前要有先聲（「將雪見霰，將雨聞雷」），文後要有餘勢（「浪後波紋，雨後霡霂」）等等。這種方法使讀者特別注意情節發展過程中的因果、脈絡、線索，逐步探尋事件的終結，既有奇特效應，又能獲得真實感受。

毛宗崗提出「同樹異枝、同枝異葉」，這是犯避之法。「善犯」與「善避」是故意寫同類人物、事件，而因爲事態與環境的變化寫出各種不同的情節，也是金聖嘆說的「犯」和「避」的延伸。毛宗崗認爲《三國演義》善於運用「犯」和「避」的方法，故意寫同一類型的人物，卻寫出不同的個性，故意寫同一類型的

事件,卻寫出不同的情節。

　　毛宗崗在金聖嘆的「橫雲斷山法」的基礎上,進一步分析:「橫雲斷嶺,橫橋鎖溪」。他說:「文之短者不連敘則不貫串,文之長者連敘則懼其累,故必敘別事以間之,而後文勢乃錯綜盡變。」比較單純的事件要用連敘,否則無法一氣呵成;比較複雜的事件則需要與它事間隔,以免單調、冗長、無變化。

　　在敘事方法中,有「寒冰破熱,涼風掃塵」,這是結構上的冷熱相濟,屬於氣氛的問題。同時也是起伏跌宕、強烈對照的結構安排。又有「笙簫夾鼓,琴瑟間鐘」,這是陽剛陰柔的和諧問題。壯美與優美並非絕對的對立或隔絕,反而在互相連接與融合之中,完成統一的藝術整體形象。

柒、張竹坡的小說觀

一、小說的社會批判性

　　張竹坡進一步繼承並發揚了金聖嘆「發憤作書」、「怨毒著書」、「庶人之義」的小說觀念,張竹坡於《竹坡閑話》中認為《金瓶梅》是一部泄憤之書:「《金瓶梅》,何為而有此書也哉?曰:此仁人志士,孝子悌弟,不得於時,上不能問諸天,下不能告諸人,悲憤嗚唈,而作穢言以泄其憤也。」他認為仁人孝子滿懷幽憤,無法發泄,乃選擇著小說的方式來抒發。「乃是作者滿

肚皮猖狂之淚沒處灑落，故以《金瓶梅》為大哭地也。」

　　張竹坡所謂「泄憤」之說，與作者本人的經歷、遭遇，有密切的關係。他說：「作者不幸，身遭其難，吐之不能，吞之不可，搔抓不得，悲號無益，借此以自泄。」他認為《金瓶梅》作者與司馬遷一樣，是「忍辱作書」。這種作者受辱的遭遇，並非孤立的，而具有某些典型性，可藉作者透視文學的內涵。

　　「泄憤」除了泄個人之憤，更進一步變為社會批判。張竹坡指出《金瓶梅》對社會的揭露批判，不僅是現實生活的黑暗面，更包涵其文化層面，包括社會的道德風尚，包括人和人之間的社會關係的推測，也反映了小說家對人生的深入。

　　張竹坡認為，《金瓶梅》作者寫這本小說的主題思想，是圍繞著冷、熱、真、假四個字。冷、熱是「人情」，由富貴貧賤來決定。富貴時人人趨奉巴結，這是熱；貧賤時人人冷淡，這是冷。所謂真、假是指「倫常」，包括父子、兄弟種種關係，本是不能更動的，卻因為「冷熱」的緣故而顛倒了真假。

　　《金瓶梅》雖以敘述西門慶一家日常作息與人際關係為主，卻通過它的左右上下前後的聯繫，來描寫當時整個社會黑暗、污濁的一面。這就是魯迅所說的「著此一家，即罵盡諸色」。

二、小說的美學風貌

　　《金瓶梅》不是以傳奇性的情節來吸引讀者，而是以著重對於平凡的世俗生活的細微、真實的描寫來吸引讀者。張竹坡認為小說中真實地描寫日常生活的「大大小小，前前後後，碟兒碗兒」，

這些最常見的人情世態，便是「得天道」。與李贄天理歸結為人情、人欲，甚至宣稱「穿衣吃飯即是人倫物理」的論點一致。《金瓶梅》是寫實主義的作品，故它所呈現的美學風貌與《水滸傳》、《三國演義》等書不同。這正標誌著中國小說史上從英雄傳奇到描繪世俗生活的人情小說的重大轉變。

張竹坡在比較《金瓶梅》與《西廂記》時，指出二者在情調上的大不同。《金瓶梅》是「一篇市井的文字」；《西廂記》用的是「韻筆」，是一篇「花嬌月媚」的文字。這就是作家的審美觀與創作方式的差異，造成作品美學風貌的不同。《西廂記》將才子佳人由生活中提煉出來，把他們放置在一個孤立的世界裡面，用美化的詩意文字去描寫，反映的生活面乃顯得狹窄一些。《金瓶梅》描寫市井的三教九流，各種類型人物，包括奸夫淫婦、貪官惡僕、幫閑娼妓、尼姑道士等，都是與現實生活緊緊聯繫，反映的生活面乃廣闊得多。「花嬌月媚」的文字，帶著理想色彩，作者從生活中找出美的事物來描寫，包含有讚揚與肯定性的美學評價。「市井的文字」則帶著世俗色彩，描寫日常生活的食、衣、住，也不逃避日常生活中的醜陋與病態，這種現實的描寫，包含有貶抑與否定性的美學評價。「花嬌月媚」的文字，是以美和詩意，引起讀者的喜悅與愛慕；「市井的文字」是以反映生活的真實性和深度，引起讀者的心靈震動與驚愕。

除了文字風格與審美趣味不同之外，《水滸傳》、《三國演義》是褒揚一些英雄人物的仁義忠勇，予以正面肯定；《金瓶梅》的主要人物都是一些反面角色，這樣大量描寫反面角色，暴露卑

微醜惡，形成極特殊的美學風貌。總之，小說既是以描繪人事爲主，則對人性的解析與認識，便是最重要的。

三、人物個性化的內涵

張竹坡認爲《金瓶梅》在人物個性化方面取得很高的藝術成就，而其關鍵在於「情理」兩個字。他在《金瓶梅讀法》中說：「做文章，不過是情理二字。今做此一篇百回長文，亦只是情理二字。於一個人心中討出一個人的情理，則一個人的傳得矣。雖前後夾雜眾人的話，而此一人開口，是此一人的情理。非其開口便得情理，由於討出這一人的情理，方開口耳。是故寫十百千人，皆如寫一人。而逐洋洋乎有此一百回大書也。」這是人物塑造的出發點課題。金聖嘆以「因緣生法」爲出發點，毛宗崗認爲作家是從一些抽象的道德概念出發，而小說中的人物就成了正面或反面抽象道德概念的體現。據張竹坡的看法，則是要從現實生活中的人及每個人本身的情理出發，亦即從每個人內心世界的活動出發。張竹坡的重要貢獻，在於掙脫傳統道德束縛，把注意力轉向現實的人，努力發掘人物內心深處的細微變化，使小說全面呈現人性的複雜性與豐富性。這在當時是很進步的思想。

自葉晝、金聖嘆以來，都強調人物描寫的個性化，但是對其內涵，並未深入探究。張竹坡則進一步予以闡發，認爲其內涵就在於寫出一個人心中的情理。所謂「情理」是人與人的關係，也就是人與人的親疏冷暖。因爲人與人之間不同的關係，乃有不同的心事，藉由不同的心事，又會產生特殊的反應，作者把人物性

格和情緒連鎖起來，使之合情合理。

能夠充分掌握人物個性化的內涵，便能夠「善用犯筆而不犯」。所謂「犯」，有「牴觸」之意，是指寫同一類型的人和事；所謂「不犯」，是指在同一類型的事件中表現同一類型的人物時，避免採用類似的手法，不使人物呈現出徒具形似的臉譜，而能寫出各自的個性特徵，使每個人物各自成為同一類型但又不能互相取代。

四、重視小道具的作用

張竹坡重視在小說中的「小道具」。他認為通過小道具，有助於小說的細節描寫。例如「壽星博浪鼓」，這是李瓶兒之子官哥滿月時，薛太監賀喜送的禮物。後來官哥死後，李瓶兒到了房中，見炕上空落落的，只有官哥耍的那壽星博浪鼓兒還掛在床頭上，睹物傷情，不禁痛哭。張竹坡說：「博浪鼓一結，小小物事，用入文字，便令無窮血淚，皆向此中灑出。真是奇絕文字。」博浪鼓的作用，就是襯托人事的變遷，從而使讀者對小說人物的心情有更深切的感受。

張竹坡還指出「小道具」在小說結構上突出主角和主線的作用。小說中有一類故事情節是次要的，是屬於注釋性的文字。這種注釋性的文字不能不寫。但是寫出來又有可能沖淡小說的主角，中斷小說的主線。故作家故意用小道具來解決這問題。例如西門慶手中的那把灑金川扇兒，在讀者心理上突出、加強主角和主線，因此小說的整個結構得以更統一，更緊湊。

五、善用「白描」

　　張竹坡認爲《金瓶梅》在描寫藝術上最突出的優點便是善用「白描」，他說：「讀《金瓶》，當看其白描處，子弟能看其白描處，必能自做出異樣省力巧妙文字來也。」他不僅具體分析，擴大和豐富「白描」這個概念的內涵，更使之成爲中國小說的重要美學理念。

　　「白描」原是中國傳統繪畫的術語，不著色彩而純用墨線勾描，也是一種表現物象的手法。金聖嘆首次將此術語引進小說批評的領域，張竹坡更作出具體分析。例如描寫潘金蓮與武松見面的景況，張竹坡批道：「一路純是白描勾挑。」「寫婦人、寫武松，毛髮皆動。」第二回首，張竹坡又說：「上回內云，『金蓮穿一件扣身衫兒』，將金蓮性情形影魂魄一齊描出。此回內云，『毛青布大袖衫兒』，描寫武大的老婆又活跳出來。」

　　除了形貌以外，白描的特點更著重於人物的動作與聲口，遂使之活躍於紙上，如西門慶和潘金蓮勾搭的情節，並不寫金蓮內心狀態或面部細微複雜表情，僅寫出五次低頭七次笑。張竹坡評說：「五低頭內，妙在一別轉頭，七笑內，妙在一帶笑，一笑著，一微笑，一面笑著低聲，一低聲笑，一笑著不理他，一踢著笑，一笑將起來，遂使紙上活現。」這是以「動作」來白描人物。

　　以「聲口」白描人物的佳例更是隨處可見，第三十回李瓶兒產子，月娘等人到房中看望。潘金蓮將孟玉樓拉出房外，說：「爹

喏喏！緊著熱刺刺的，擠了一屋子的人，也不是養孩子，都看著下象胎哩！」偏孫雪娥趕來觀看，險些絆一跤，金蓮於是嘲諷道：「你看！獻勤的小婦奴才！你才慢慢走，慌怎的？搶命哩！黑影裡絆倒了，磕了牙，也是錢。養下孩子來，明日賞你這小婦一個紗帽戴？」張竹坡評云：「白描入骨。」

　　應伯爵這個角色，也是用白描的手法寫得「紙上活跳出來」，如第一回應伯爵與謝希大至西門慶家，西門慶怪他們好幾日「通不來傍個影兒」，應伯爵向謝希大道：「何如？我說哥要說哩！」因對西門慶道：「哥！你怪的是，連咱們也不知道成日忙些什麼。」幾天以後，西門慶、應伯爵等十人在玉皇廟結拜兄弟。應伯爵年歲較大，西門慶提議由應伯爵居長，應伯爵伸著舌頭道：「爺可不折殺小人罷了！如今年時，只好敘些財勢，那裡好敘齒？」張竹坡說：「描寫伯爵處，純是白描追魂攝影之筆。如向希大說『何如？我說』，又如伸著舌頭道『爺』，儼然紙上活跳出來，如聞其聲，如見其形。」同樣是以「聲口」來描寫應伯爵這個人物，塑造出一個市井幫閑的典型。這種人物社會經驗很豐富，心機靈巧，插科打諢，逢迎拍馬，無不精通。張竹坡說：「伯爵，作者點睛之妙筆，遂成伯爵之妙舌也。」認為這一人物在小說中起著很特殊的「點睛」作用，是化隱為顯的手法，通過「妙舌」表現出來。

　　在張竹坡以上這些批語中，所謂「白描」，就是用很少的筆墨，勾出人物的動態和風貌，從而表現人物的生命，並顯出人物內在的性格和神韻。「白描」和「傳神」兩概念是不可分的。而

且，「白描」的概念還可以涵蓋「傳神」的概念。在張竹坡心目中「白描」概念的內涵，顯然比金聖嘆擴大許多，豐富許多。它與人物的塑造緊密地連繫在一起，不僅包括描寫的手法和技巧，同時也包括描寫的目的和效果。

六、善用「閑筆」

在情節發展過程中，為改換小說的審美意境與趣味，有故作「閑筆」的穿插筆法：「《金瓶》每於極忙時，偏夾敘他事入內。如：正未娶金蓮，先插娶孟玉樓；娶孟玉樓時，即夾敘嫁大姐；生子時，即夾敘吳與恩借債；官哥臨危時，乃有謝希大借銀；瓶兒死時，乃入玉簫受約；擇日出殯，乃有請黃太尉等事。皆於百忙中故作消閑之筆。非才富一石者，何以能之？」這種「消閑之筆」與「極忙時」的敘述主線交替運用，使小說審美意境更迭轉換，輔助人物性格刻畫，以及推動故事情節的發展。《金瓶梅》這幾段描寫，皆在敘述一個事件時，穿插描寫另一事件，將生活場面活現出來，變得立體化。

自李瓶兒病重求醫，乃至病亡的兩回之中，張竹坡讚為「閑筆」運用的典範。張竹坡說：「若只講病人，便令筆墨皆穢，只講醫人，卻又筆墨枯澀，看他用一搗鬼雜於期間，便令病家真是忙亂，醫人真是嘈雜，一時情景如畫。」搗鬼的設計，便是閑筆的安插，為場面注入活躍的喜劇氣氛。閑筆是用以點綴、穿插的手段，打破描寫的單一性，使不同的節奏與氣氛互相交織。張竹坡認為善用「閑筆」，是作家藝術天分的表現，故他又說：「千

古稗官家不能及之者，總是此等閑筆難學也。」

七、用筆精確

張竹坡注意到《金瓶梅》緊扣著人物性格特色，用各種不同筆法去表現，他說：「《金瓶梅》于西門慶，不作一文筆；于月娘，不作一顯筆；于玉樓，則純用俏筆；于金蓮，不作一純筆；于瓶兒，不作一深筆；于春梅，純用傲筆；于敬濟，不作一韻筆；于大姐，不作一秀筆；于伯爵，不作一呆筆；于玳安兒，不著一蠢筆。此所以各各皆到也。」《金瓶梅》對於小說人物的描寫都是緊緊扣住人物的性格特點。但是，每個人物的性格都還有很多側面。張竹坡認為，《金瓶梅》作者用筆的精確，不僅在於人物內在性格本質的掌握，而且能緊緊扣住人物多方面的複雜性格。

八、小說中的時間

張竹坡認為，小說中的年月歲時前後錯亂的情況不是作者的疏漏，而是作者的「神妙之筆」。照張竹坡的看法，小說家絕不等於「譜錄家」，《金瓶梅》也絕不是真的給西門慶「計帳簿」。小說要寫人物的命運，人物的變遷，當然必須寫年月時節，而且要寫得很具體，「使看者五色迷目，真如捱著一日日過去」。這是使讀者產生真實感和美感的一個條件。但是小說中的年月時節如果真的像編年史或年譜那樣排得一絲不亂，那就成了「死板一串鈴」，失去了生動性，會損害小說中的真實感和美感。所以《金

瓶梅》的作家要「特特錯亂其年譜」。當然，這一說法不免誇張。

捌、脂硯齋的小說理論

一、談情論

　　曹雪芹在開篇第一回即說明寫作宗旨，「大旨談情」，這是一部以情為主要內涵的小說。

　　曹雪芹在書中多次提到「情」字，第五回游太虛幻境，寶玉見宮門的對聯寫的是：「厚地高天堪嘆古今情不盡，癡男怨女可憐風月債難償」；橫聯則是「孽海情天」四個大字。《紅樓夢曲十二支》第一支《紅樓夢引子》云：「開闢鴻蒙，誰為情種？都只為風月情濃」；第一回空空道人抄錄石頭上的傳奇，乃將自己的名字改為「情僧」，並將《石頭記》改名為《情僧錄》。便是各回的回目，也充滿了這個「情」字。如：「情切切良宵花解語」、「癡情女情重愈斟情」、「含恥辱情烈死金釧」、「情中情因情感妹妹」等等。

　　曹雪芹的情論自有其內涵：「情」，是一種真情至性，不受外界的束縛羈絆，是一種純潔的人格，帶著理想主義的浪漫色彩。因此，「情」字在曹雪芹筆下甚至帶有褒揚的意味。

　　然而這部小說卻是「懷金悼玉的紅樓夢」，真情至性的理想在現實生活中難逃毀滅的命運，甲戌本第八回脂批云：「作者是欲天下人共來哭此情字。」脂硯齋點出作者寫情的意圖，指出《紅

樓夢》的悲劇性。脂批在曹雪芹的情論基礎上進一步發揮：「余嘆世人不識情字，常把淫字當作情字，殊不知淫裡無情，情裡無淫，淫必傷情，情必戒淫，情斷處淫生，淫斷處情生。三姐項下一橫是絕情，乃是正情，湘蓮萬根皆削是無情，乃是至情。生為情人，死為情鬼，故結句曰，『來自情天，去到情地』，豈非一篇情文字。再看他書，則全是淫，不是情了。」這些批語強調「情」字在《紅樓夢》中的重要性，所有的藝術想像與創造，都為了成就這「一篇情字」。脂硯齋對《紅樓夢》的評點，便是依循著這樣的中心思想。戚序本第一回總評云：「出口神奇，幻中不幻。文勢跳躍，情裡生情。借幻說法，而幻中更自多情，因情捉筆，而情裡偏成癡幻。試問君家識得否，色空空色兩無干。」因情而癡幻，因情而生文勢，「情」字其實是作者的審美觀，脂硯齋準確地把握住這種美學風貌，具體啟發讀者對此種悲劇小說作一透徹的認識。

二、藝術真實性

脂硯齋認為藝術作品與生活實錄不同，可以描寫實際生活未發生過的事，但必須合乎生活的規律性與必然性，即所謂的「事之所無，理之必有」。

《紅樓夢》中便是對夢境的描寫也不肯荒唐馬虎，第五十六回寫寶玉的一個夢，脂硯齋於戚序本這一回的開頭批道：「敘入夢景極迷離，卻極分明，牛鬼蛇神不犯筆端，全從至情至理中寫出，《齊諧》莫能載也。」作者不是從牛鬼蛇神編造出來，卻是

根據人物心理活動而寫作，因此，脈絡分明而不虛妄。第十六回寫秦鐘將死，鬼判來拘一段，在脂硯齋看來，是「世俗愚談愚論」，若專寫鬼神之事，難免令人失望，但鬼判不顧秦鐘哀告，反而斥責說：「我們陰間上下，都是鐵面無私的，不比你們陽間，瞻情顧意，有許多的關礙處。」這種浪漫主義色彩濃厚的描寫，顯然具有嘲諷現實的意義。脂硯齋乃批道：「《石頭記》一部中皆是近情近理必有之事，必有之言，又如此等荒唐不經之談，間亦有之，是作者故意遊戲之筆，聊以破色取笑，非如別書認真說鬼話也。」《紅樓夢》偶爾有鬼神的描寫，非但不是表現落伍的迷信思想，反而藉以設譬，仍然反映出生活中的情理。

三、典型人物的理想性

曹雪芹在寶玉初出場時，即以〈西江月〉嘲之曰：「富貴不知樂業，貧窮難耐淒涼。可憐辜負好韶光，於國於家無望。天下無能第一，古今不肖無雙。寄言紈褲與膏粱，莫效此兒形狀。」「淒涼」、「無望」、「無能」、「不肖」，看來全是貶斥，彷彿是一無可取，然而脂硯齋恐怕讀者被字面蒙蔽，因此，在批語中反覆指出，寶玉其實是作者肯定而愛惜的正面人物。如第十五回北靜王永溶見寶玉「語言清楚，談吐有致」，脂硯齋批云：「八字道盡玉兄。如此等方是玉兄正文寫照。」若按脂批所說，則曹雪芹豈非自相矛盾？其實不然。對寶玉的貶詞，是以世俗道德標準來衡量的；寶玉的品格是純樸率真的，不受規範羈絆。

脂硯齋認為曹雪芹的審美理想是肯定「情」的價值，追求「情」

的解放。因此賈寶玉、林黛玉是寄託曹雪芹理想的人物。脂硯齋指出寶玉的一大特點，就是「重情不重禮」。如第二十三回寫黛玉是極其美妙的（「又勝寶玉十倍癡情」）。他又認為對於寶玉已經不可能用封建社會中一般的道德概念來衡量和解釋，寶玉已超出了封建社會一般的思想範疇。因此脂硯齋把寶玉批評為「今古未見之人」。換句話說，賈寶玉是不僅帶有叛逆的作家寄託理想的人物，而且是在實際生活中並不存在的作家創作的一個「新人」。

四、人物性格的複雜性

脂硯齋反對人物描寫的絕對化、公式化。他的批評跟曹雪芹的觀點是完全一致的。曹雪芹在《紅樓夢》中多次表露了這個觀點。如第一回中，曹雪芹指出《紅樓夢》並不是寫「大賢大忠理朝廷治風俗的善政」，「其中只不過幾個異樣女子，或情或癡，或小才微善，亦無班姬、蔡女之德能」。又如第二回曹雪芹指出《紅樓夢》裡的主要人物並不屬於「大仁」或「大惡」這兩類人物，而是「正邪兩賦而來一路之人」，「上則不能成仁人君子，下亦不能為大凶大惡，置之于萬萬人中，其聰俊靈秀之氣則在萬萬人之上，其乖僻邪謬不近人情之態又在萬萬人之下」。

脂硯齋強調，只有多側面的人物性格描寫，才是「至理至情」，才是「真正情理之文」，才具有真實性。只有多側面的性格描寫，才能寫出社會生活的複雜性與人物性格的複雜性。

還有在人物語言的個性方面，脂硯齋作了不少的分析、歸

納。人物的語言要有個性，要能夠不見名姓，一聽話頭、口氣，就知道某人。第七十七回寶玉對司棋說：「如今你又去，都要去了，這卻怎麼的好。」脂批云：「寶玉之語全作囫圇意，最是極無味，（正）是極濃極有情之語也。只合如此寫，方是寶玉，稍有真切，則不是寶玉了。」脂硯齋注意到這些片段、簡略、隨興的語言，儘管它們是囫圇不解的（按：又是他的誇張語），卻是最真實表現人物獨特性格的方式。

五、小說形象的缺陷美

脂硯齋提出「真正美人方有一陋處」的美學概念。在第二十回中，湘雲的咬舌，使語音不清，無疑是人物的缺陷，但是，因為這個人物總體的形象是美的，這小小的缺陷，只會在美感上，加上一層楚楚動人的韻致。第四十八回香菱迷上作詩，茶飯不思，寶釵對她說：「你本來呆頭呆腦的，再添上這個，越發弄成個呆子了。」脂硯齋批道：「呆頭呆腦的，有趣之至。最恨野史有一百個女子皆曰聰明伶俐，究竟看來她行為也只平平。今以『呆』字為香菱定評，何等嫵媚之至也。」由此可見，在整體形象必須是美的前提下，「陋處」可以使人物添加特殊的魅力，令人留下深刻印象，同時，適度的「陋處」可以使人物不致平面化與絕對化，反而能凸顯真實的生命力，更接近現實人生的面貌。

六、作者身經目睹

脂硯齋認識到小說並非照抄生活，而必須有作者想像的再創

造。可是這種藝術創造，仍要先有豐富的生活經驗，才能準確再現人生的情境。脂硯齋認為小說的寫作與作家的親身經歷相關。

如第七十七回，王夫人到賈母處秤了二兩人蔘，命人送到醫生家給鳳姐配藥，又命將另幾包不能分辨的藥帶去，令醫生認明之後各記號上來。庚辰本脂批道：「此等皆家常細事，豈是揣摩得者。」不僅是日常生活瑣事，而且在豪華的排場上有獨特表現。第十七、十八回寫賈元春回家省親，「忽聽外面馬跑之聲，一時有十來個太監，都喘吁吁跑來拍手兒。這些太監會意，都知道是來了。」脂硯齋批道：「難為他（寫）的出，是經過之人也。」

第三回描寫黛玉在東廊三間正房見到半舊的家常擺設，脂硯齋說：「近聞一俗笑話云，一莊農人進京回家。眾人問曰，『你進京去可見些個世面否？』莊人曰，『連皇帝老爺都見了。』眾罕然問曰，『皇帝如何景況？』莊人曰，『皇帝左手拿一金元寶，右手拿一銀元寶，馬上捎著一口袋人參不離口。一時要屙屎了，連擦屁股都用的鵝黃色緞子。所以京中連掏毛廁的人都富貴無比。』思想凡稗官寫富貴字眼者，悉皆莊農進京之一流也。蓋此時彼實未身經目睹，所言皆在情理之外焉。」作者胸中的見識限制了藝術創作的成就，見聞淺薄的作者沒有辦法寫出來，因此，他主張作者必得「身經目睹」，小說才能合情合理。

至於小說人物的語言、動作、表情以及心理活動、為小說內在的重要生活泉源，《紅樓夢》裡的人物經過作者的描繪，寫得合情合理。若沒有豐富的生活經驗，也不能如此逼真。第十七、十八回，寫賈元春和賈母、王夫人見面，「三個人滿心裏，皆有

許多話，只是俱說不出。」脂硯齋批道：「非經歷過，如何寫得出。」「《石頭記》得力擅長，全是此等地方。」

脂硯齋的這種觀念，顯然受到金聖嘆「格物」、「因緣生法」、張竹坡「入世」等思想深刻的影響。只是脂硯齋格外強調親身經歷對於藝術創造的重要性，並視爲小說寫作的先決條件之一。

脂硯齋不僅強調作家「身經目睹」的重要性，甚至欣賞者的生活閱歷越豐富，就越能深入感受小說的意味。由於小說是再現生活概括的典型，就讀者心理來探究，如果曾有與小說人物類似的際遇，則閱讀時產生的共鳴，必然更爲強烈。如第十七、十八回有一批語：「與余三十年前目睹身親之人，現形於紙上。使言《石頭記》之爲書，情之至極，言之至恰，然非領略過乃事，迷陷過乃情，即觀此茫然嚼蠟，亦不知其神妙也。」又如第五回在「勢敗休云貴，家亡莫論親」一句下，脂硯齋批道：「非經歷過者，此二句則云紙上談兵。過來人那得不哭。」讀者若無類似的生活經歷，便不能充分認識小說的神妙處。

此外，他還強調小說中詩詞的表現力和烘托作用。

玖、梁啓超的小說觀

一、小說的社會作用

梁啓超（一八七三――一九二九年）肯定並強調小說與群治的

密切關係。這種說法並不是梁啓超開始的，而是嚴復、夏曾佑在《國聞報附印說部緣起》（一八九三年）一文中，提出小說為「正史之根」的說法。他們認為，由於小說「入人之深，行世之遠，幾出於經史之上」，因而「天下之人心風俗」就不免為小說所掌握。

　　梁啓超於《論小說與群治之關係》（一九○二年）一文中說：「吾中國人狀元宰相之思想何自來乎？小說也。吾中國人佳人才子之思想，何自來乎？小說也。吾中國人江湖盜賊之思想，何自來乎？小說也。吾中國人妖巫狐鬼之思想何自來乎？小說也。」梁啓超看見小說對中國社會人心的潛移默化，其力量之深刻久遠，是不容忽視的。「中國群治腐敗之總根源」，梁啓超亦歸於小說。小說對人心的指導功能這麼大，因此梁啓超乃有「今日欲改良群治，必自小說界革命始；欲新民，必自新小說始」的主張。他說：「欲新一國之民，不可不先新一國之小說。故欲新道德，必新小說；欲新宗教，必新小說；欲新政治，必新小說；欲新風俗，必新小說；欲新學藝，必新小說；乃至欲新人格，必新小說。何以故？小說有不可思議之力支配人道故。」

　　在梁啓超發表此一文章之後，引來四方響應，如陶曾佑在《論小說之勢力及其影響》（一九○七年）一文中，對小說持頌揚的態度：「小說！小說！誠文學界之佔最上乘者也。其感人也易，其入人也深，其化人也神，其及人也廣。是以列強進化，多賴稗官，大陸競爭，亦由說部。……可愛哉，孰如小說！可畏哉，孰如小說！學術固賴以進步，社會亦賴以文明，個人固賴以維生，

國家亦賴以發達。」這種觀點對小說地位的提高確有極大幫助，然而，他們都誇張了小說對群治正面和負面的影響。故當時有黃摩西等人立論反對。

黃摩西在《小說林發刊詞》（一九〇七年）中說：「昔之視小說也太輕，而今之視小說又太重也。」探索小說本質時，黃摩西將之回歸於藝術的領域，「小說者，文學之傾于美的方面之一種也」，並非以教化道德為目的的。

徐念慈的看法與黃摩西相似，他在《余之小說觀》（一九〇八年）一文中，也對梁啓超小說功能的論點，進行批評：「小說者，文學中之以娛樂的，促社會之發展，深性情之刺戟著也。……余為平心論之，則小說固不足生社會，而惟有社會始成小說也。」還有俠人在《小說叢話》裡也批評了梁啓超。他說：「今之痛祖國社會之腐敗者，每歸罪于吾國無佳小說，其果今之惡社會為劣小說之果乎？抑劣社會為惡小說之因乎？」

二、兩種境界

梁啓超在強調小說社會作用的同時，還討論了小說為人們喜愛的原因，指出：一是小說能導人遊於「身外之身，世界外之世界」的「他境界」而「變換其常觸受之空氣」，滿足人們不能以「現境界」而滿足的心理要求。二是小說能把人們經歷過的境界和人們懷抱的想像，「徹底而發露之」。小說能真實地描繪現實人生，將人們平時「行之不知，習矣不察」的哀、樂、怨、怒、變、駭、憂、慚的情狀，與「懷抱之想像」、「經閱之境界」，

「和盤托出，徹底而發露之」，從感情上深深地打動人，使產生
感應與共鳴，「拍案叫絕」。這兩點實際上概括了小說既能描繪
理想的「他境界」，又能反映現實生活的「現境界」的功能。在
此基礎上，梁啓超斷言「小說爲文學之最上乘也」。他還認爲，
小說家這兩個方面側重不同，就產生了兩派小說：側重前者爲理
想派小說，側重後者爲寫實派小說。

三、小說的藝術感染力

　　梁啓超將小說對人潛移默化的影響，歸結爲四種力量：
「熏」、「浸」、「刺」、「提」。熏是在一定空間中的感染力，
浸是長時間的滲透力，刺是突發的強大影響力，提是給人身歷其
境、感同身受的力量。按：熏、浸二者界限往往難以分明。

拾、黃摩西論小說的創作規津

　　黃摩西在《小說小語》中，對小說創作的規律也有所論述。
如將小說和八股作比較：「小說與時文爲反比例。講究時文者，
一切書籍皆不得觀覽，一切世務皆不容預聞。至其目小說也，一
若蛇蝎魔鬼之不可邇。而小說中，非但不拒時文，即一切謠俗之
猥瑣，閨房之詬誶，樵夫牧豎之歌諺，亦與四部三藏鴻文秘典同
收筆端，以供鑲箸之資料。而宇宙萬有之運用于爐錘者更無論矣。
故作時文與學時文者幾于一無所知，而作小說與讀小說者幾于無

一不知，不同也如此。」

　　小說表現的是千變萬化的人生面貌，因此，小說家應該具備豐富的生活經驗和廣闊的知識。讀者也可以藉著小說的閱讀，拓展自己的知識領域。黃摩西更提出小說與文章或詩詞不同的藝術特質，即小說創作應該是「無我」的。小說不必由作者主觀判定孰善孰惡，孰美孰醜，只須作客觀的整體呈現。又提示關於人物塑造的創作規律，他認為，過分完美的理想人物，反而失去生活的真實感與可信度，這個論點與脂硯齋的「真正美人方有一陋處」的觀念是一致的。若過於追求完善，便是拙筆。

　　陶曾佑則主張要擴張政治、提倡教育、振興實業、組織軍事、改良風俗，必須由小說著手。

　　浴血生主張小說創作「愈含蓄愈有味」，如《儒林外史》即一佳例。

拾壹、夏曾佑的五難說

　　夏曾佑的小說有五難說，見於他所著的《小說原理》：

　　（一）**寫小人易，寫君子難**：甚至連《儒林外史》這樣的鉅著都不能例外。

　　（二）**寫小事易，寫大事難**：此所以《紅樓夢》、《水滸傳》、《金瓶梅》比《三國演義》、《東周列國志》更為動人。（按：《三國演義》寫大事其實很成功。）

（三）**寫貧賤易，寫富貴難**：如雨果之《悲慘世界》、狄更斯之《孤雛淚》等比左拉的《娜娜》、薩克萊的《浮華世界》更聳動人心。

（四）**寫實事易，寫假事難**：如《水滸》雖工妙，寫武松、李逵打虎都有瑕疵，因爲「虎本無可打之理」，至少作者並無此種經驗。

（五）**敘實事易，敘議論難**：所以托爾斯泰在《戰爭與和平》中寧可把他對戰爭與和平的有關議論放在附錄裏。

拾貳、林紓的理論

林紓（一八五二——一九二四年）是近代著名的小說翻譯家，共用文言迻譯西方小說一百七十多本。他的小說理論見於《孝女耐兒傳》譯序（一九〇七年）中，強調近代寫實小說的幾個特徵：

一、掃蕩名士美人的格局，專替下流社會寫照，反映苦難人生。

二、常敘述家常、平淡的事情。

三、刻劃市井卑污齷齪之事，形成另一種美學觀。

四、揭發社會弊端。（見《塊肉餘生述》前後二序）

其實此一理論在葉畫、金人瑞、張竹坡、脂硯齋的小說理論中，也已有所涉論。但林紓譯讀西方小說如此之多，眼界自是不同。當然，小說也不能只寫下流社會。他只是有所強調而已。

拾參、王鍾麒的理論

　　王鍾麒的〈中國歷代小說史論〉（一九〇七年）、〈論小說與改良社會關係〉（一九〇七年）、〈中國三大小說家論贊〉（一九〇八年）中，論及小說的充分條件：

　　一、所傳寫的事情「能適合於社會之情狀」，意即具有充分的寫實性。

　　二、所用文體「能適宜於國民之腦性」，意即形式之恰當性。

又論中國歷來小說家寫作的三大動機：

一、憤恨政治的壓制。

二、痛惜社會的黑暗。

三、哀憫婚姻的不自由。

　　但是他忽略了有些小說家是爲了表現人性和人生的真相，有些小說家是爲了呈現個人理想，有些小說家則是爲了消遣而寫作的。

拾肆、王國維的小說理論

　　王國維（一八七七——一九二七年）是清末民初學問極淵博的一位大師，除了《人間詞話》，他在文學批評方面最重要的一部著作是成於民初的《紅樓夢評論》。

　　此書頗受西方美學影響，其中要義有六：

　　一、美有二種：一優美（Grace），一壯美（Sublime），前者又譯爲優雅，後者或譯作崇高。凡人觀物，不視其爲與我有關係者，但視爲外物，我心保持寧靜，此爲優美之情，此物爲優美。若此物大不利於我，生活意義爲之破裂、遁去，而以知力深觀其物，便謂此物爲壯美，此情感爲壯美之情。

　　二、美學中有與前述二者相反者，名叫眩惑。優美與壯美，都使人離生活之欲，而入於純粹的知識，眩惑則使人重歸於生活之欲，如《西廂記》的〈酬束〉、《牡丹亭》的〈驚夢〉，都使人生死憂喜如同身受，難以超脫。

　　三、解脫之道存於出世（拒絕一切生活欲望），而不存於自殺。解脫又有二種：一存於觀他人之痛苦，此唯非常之人能爲。一存於覺自己的苦痛。前者如惜春、紫鵑，後者如寶玉。前者爲超自然的，神明的，後者爲自然的，人類的，亦悲感的、壯美的。

　　四、《桃花扇》的解脫，是他律的；《紅樓夢》的解脫，是自律的。按：寶玉之解脫，是否純出「自律」？亦有爭辯的餘地。如他能娶黛玉，或即不必求解脫。

　　五、《紅樓夢》與一切喜劇相反，乃徹頭徹尾之悲劇。除主人公之外，此書中的人，凡與生活之欲相關連的，無不與苦痛相終始。如寶琴、岫煙、李紋、李綺諸人，則如藐姑射仙子，不及於生活之欲，故不見痛苦。

　　六、根據德國大哲人叔本華的學說，悲劇又可分三種：

　　1.由極惡之人，極其所有的能力以交構而成的。如《竇娥冤》。

2.由於盲目的命運所造成，如伊迪帕斯的故事。

3.由於劇中（或小說中）的人物之位置及關係，而不得不然。非有蛇蠍之惡，與意外的變故，而由於普通的人物，普通的境遇，逼之不得不如此，各人物皆無可奈何。這種悲劇，感人更深刻。人生最大的不幸，不是例外之事，而是人生所固有的生命課題和遭際。人們躬逢其酷而不得鳴其不平，可謂天下之至慘。《紅樓夢》之作爲悲劇，便屬於這一類。

此外如馮鎭巒評《聊齋誌異》，認爲它是「有意作文，非徒紀事」，「議論純正，筆端變化，一生精力所聚」，指出蒲松齡有心創作小說作品，有主動創造的意識，或乃託諸議論，發憤成文，存心警世，非徒閒說偶記而已。

小 結

李贄、葉晝、馮夢龍、毛宗崗、金聖嘆、張竹坡、脂硯齋、梁啓超、王國維，堪稱中國九大古典小說評論家。

主要參考書目：

魯迅：《中國小說史略》　臺北：明倫出版社，1969。

葉朗：《中國小說美學》　臺北：天山出版社，1983。

王國維：《王國維先生全集》　臺北：大通書局，出版年不詳。

黃保真等：《中國文學理論史》　北京：北京出版社，1987。

鄔國平、王鎮遠等：《中國文學批評通史·清代卷》　上海：上
　　海古籍出版社，1996。

張健：《明清文學批評》　臺北：國家出版社，1983。

《二十世紀世界小說理論經典》
面面觀

謝綉華

前　言

　　《二十世紀世界小說理論經典》[1]共分上、下卷，上卷總篇目爲：〈藝術是直覺〉、〈歷史小說〉、〈未來主義文學技巧宣言〉、〈致伊萬諾夫─拉祖姆尼克的信〉、〈小說技巧：個人經驗畫面的戲劇化〉、〈散文論兩篇〉、〈第一次超現實主義宣言〉、〈小說面面觀：小說中的人物〉、〈傳記與小說〉、〈杜思妥耶夫斯基和弒父〉、〈我們怎樣寫作〉、〈小說家及其筆下的人物〉、〈論小說寫作〉、〈文論兩篇〉、〈史詩和長篇小說〉、〈荒誕的創造〉、〈美洲的神奇現實〉、〈弗洛伊德與文學〉、〈談作家的工作〉、〈聖伯夫與巴爾扎克〉、〈邏輯性和超邏輯性〉、

1　呂同六主編《二十世紀世界小說理論經典》北京市：華夏出版社，民 84 年 4 月初版

〈懷疑的時代〉、〈未來小說的道路〉、〈對小說技巧的探討〉、
〈海明威的雙重性：象徵主義和諷刺〉、〈洞察世界的藝術小說
家的技巧〉等，共二十六篇。下卷的總篇目有：〈作為原型的象
徵〉、〈小說文論兩篇〉、〈新小說與現實〉、〈小說的功能〉、
〈若‧吉‧羅薩或第三河岸〉、〈與略薩談創作〉、〈美的存在
與發現〉、〈機器人小說〉、〈時間的形式長篇小說中的時空關
係：結論〉、〈向心力〉、〈第一部書：《迷惘》〉、〈弗里施
談語錄〉、〈談文學〉、〈歷史小說中的語言和筆調〉、〈卡夫
卡的天堂〉、〈關於藝術和現實〉、〈內省的小說〉、〈現代主
義小說的語言：隱喻和轉喻〉、〈意識的主題：托馬斯‧曼〉、
〈像星球一樣〉、〈就兩部小說答記者問〉、〈我對短篇小說的
理解〉、〈小說〉、〈關於《彼德羅‧巴拉莫》、〈米蘭‧昆德
拉訪談錄〉、〈與記者談小說創作〉、〈文壇三王：海明威、福
克納和菲茨杰拉德〉、〈靈感來得很慢〉、〈虛構頌〉、〈托妮‧
莫里森訪談錄〉、〈我這樣寫我的短篇小說〉、〈小說的藝術〉、
〈被背叛的遺囑〉、〈回憶與渴望〉等，共三十四篇。

　　每篇內容多以演講稿或訪談錄之方式呈現，往往未有加以整
理之主題或有系統的要點歸納，讀來令人倍覺雜亂無章。故本文
之內容，著重在將這些篇章進行整理歸納與分類，以便於想深入
了解二十世紀世界小說理論之讀者，有一條理清晰的線索可循，
並且對二十世紀世界小說理論，作一全面性的探析。

壹、小說的技巧

與小說技巧相關的共有四篇：（一）〈小說技巧：個人經驗畫面的戲劇化〉是英國作家珀西‧盧伯克在亨利‧詹姆斯的創作實踐和理論實踐的基礎上寫成的一篇小說詩學，主要論述使小說人物思想意識畫面充分戲劇化的藝術手法。（二）〈對小說技巧的探討〉共分九小節，是法國作家米歇爾‧布托爾針對小說所提出的幾個獨到的見解，包含應建立新的小說語言系統、敘事的順序、時間的雙重性、間斷性、敘述的速度、空間的速度、句子、結構等。（三）〈小說家的技巧〉為英國女作家伊‧鮑溫著，主要闡述小說創作技巧的幾項看法，諸如小說家的想像力、小說主題的兩大屬性、小說人物的創造、小說對話、意識流、小說的時間……等小說創作中不可或缺的重要技巧。（四）〈小說的功能〉是法國當代理論家皮埃爾‧馬什雷的論述，作者通過對法國科幻作家凡爾納的小說的分析，指出小說不可能再現全部意識型態，並進一步闡明他的「作品不是一種再現，而是一種產品」的觀點。

一、人物內心的畫面應該完全戲劇化

盧伯克認為：

小說家不再告訴讀者那兒發生了什麼事情，而是運用思想的神情舉止來做故事賴以表達的工具。……在舞台劇中，一個人物必須獨立承擔自己扮演的角色，如果要他扮演一個

鋌而走險的人物，懷著罪惡的思想，他不能指望作者在舞台旁邊出現，把事實告訴觀眾；他一定要通過自己的言語和行動、神色和腔調，獨自把它表現出來。劇作家要安排得使人物把這些都表現得很充分，觀眾自會作出正確的結論。但是，假定我們觀看的，不是舞台上隱瞞自己的思想，又不知不覺地流露自己思想的那一個人，而是思想本身，是那個人腦海中來回翻騰的隱藏著的東西──我們觀看這思想，除了他那思想本身的態度風貌可能提供的幫助以外，就沒有任何其他幫助了。小說家比劇作家更自由些，如果他喜歡的話，當然可以把這樣焦慮不安的精神狀態的內幕告訴我們；他還可以前進一步，把這個人思想不安寧的現象解釋一番。（p39~40）

小說中的一切，不管是一頁對話還是一頁描寫，現在都是用戲劇手法處理的，因為即使在描寫的篇頁中，也沒有人向我們講話，也沒有人向讀者報告他的印象。那印象是在那個人廣闊展開的心靈上和記憶中盪漾著的連續不斷的一系列形象表演出來的。（p49）

歸結盧伯克的說法：人物內心的畫面應該戲劇化，而不宜由作者出現於小說中向讀者解釋一番，小說中的人物獨立承擔自己扮演的角色，此時小說家不需現身解釋，而將人物的性格、語言、動作、思想等透過畫面呈現的方式表達，以如此的藝術手法運用於小說中才算是高明的技巧。這可說是現代小說讀者的一大共識。（傳統小說不盡如此）。

二、主題的呈現應具備道德與場景兩大屬性

布托爾認為：

　　小說，即模仿實情的虛構，……但是一旦這種創作脫穎
而出，就是說一旦小說成功地作為新的語言問世立足：建立
新的語言、新的語法、新的組合素材的方法，……那麼小說
顯示的東西必將跟我們日常所說的東西不同。……而一切偉
大的作品，哪怕最深奧的、最雄心勃勃、最嚴肅的作品，一
定在內容上帶有冥思遐想、冗長的神話、無數次跟讀者的交
往，這些作品起著完全不同的、絕對決定性的作用：它們改
變著我們觀察世界和敘述世界的方法，從而也改變著世界。
（p527）

　　此處可以看出布托爾認為小說雖是虛構的，卻是模仿實情及
實際生活而來，小說家若建立了新的語言、語法和組合素材的方
法，則小說的面貌和內容便和日常生活的東西不同。而伊・鮑溫
更提及：

　　小說不只是敘述一下人們的經歷而已，它還要在經歷之
外添加一些什麼。……小說決不是新聞報導，它寫的並不是
什麼聳人聽聞的重大事件。（p578）

　　此處明顯見出伊・鮑溫認為小說並不等於新聞報導那類如實
呈現的敘述，不單是敘述一件事情始末的經過而已，而應該在經
歷之外添加一些東西，一些使小說和現實生活區別開來的成份。
因此她明白指出一本具有深度的小說，除了故事之外，更需要一
個主題，一個內在的含義，主題應具備有兩大屬性；另外還要有

情景：

　　（一）主題必須有兩個屬性。第一是道德因素，因為小說家總是通過主題對事物作出評價，並讓讀者看到他所感到的真理的某一新的方面。其次，主題還必須深蘊在故事中間。如果主題或思想過於顯露，小說就淪為闡述某種概念的論文了。我不認為這樣表達出來的東西是主題。主題是某種強烈打動小說家而讀者也會感到其影響的東西，但它卻埋藏得很深，你可能需要對故事進行一番分析才能發現它真正是什麼。（p587）

　　（二）除主題外，故事還要有一個東西——情景。情景不僅指故事借以展開的一連串插曲和事件。……起著「控制」全局的作用。這一總的情景常常是兩個人之間的關係，如《安娜·卡列妮娜》中的安娜和渥倫斯基之間的不幸的激情，《呼嘯山莊》中卡塞琳和希思克利夫的比死還堅強的紐帶等等。這種貫穿全書的、描寫兩人之間的情景有無窮無盡的變體；例如，可以是感情的奴僕，也可以是愛情的幻滅。但是有時候情景也可以是一種處境。比如，有的小說的情景寫的是一個極度貧窮的人和貧窮使他不由自主地染上的習性。《無名的裘德》寫的是一個人渴望受到教育；艾維林·沃的《重訪布萊德亥德》則是一個人對一所大邸宅和舊世家的理想化。普魯斯特的長篇巨作貫穿著作者對他所遇到的形形色色的人物的浪漫主義的想法的迷戀。我也把這個叫作情景。（p587~588）

綜合上面兩點的論述，可將伊·鮑溫的「主題」歸納成透過小說家的評價，將情景深含在故事中間，並且起著控制全局的作用，這也就等同魏飴在《小說鑑賞入門》中所說：「如果小說作品的主題一眼就能看出，一句話就能概括，讀起來也就沒有什麼味道了。」[2]（按：《呼嘯山莊》即《咆哮山莊》，艾彌莉·勃朗蒂原著。）

三、小說家的想像力為小說中不可或缺

伊·鮑溫在「小說家的想像力」中提到：

> 小說家的想像力具有一種獨特的力量。這種想像力不只能創造，而且能洞見。它是一種強化劑，因之，哪怕是平凡普通的日常事物，一經想像渲染，也具有了力量和特殊的重要性，變得更加真實，更富於內在的現實性。（p578）

她認為小說家的想像力是一種強化劑，即使是再平凡如日常生活的事物，若經過小說家的想像渲染，便能使小說具有神奇的力量和特殊性，除了變得更加真實外，且富小說內在的現實性。此一看法是一般人所能認同的：早上起床刷牙吃飯這類平淡無奇之事構成小說情節，無法引人入勝，流水帳般的敘述像新聞事件，令人看過就忘，然而若在小說情節中加入想像力，透過對景物、人物、環境的心理、行為，做多方面的描寫形容，突出形象，加強藝術效果，則原本平淡無奇的情節立即一躍而為離奇曲折、有

---

2 見魏飴《小說鑑賞入門》p46。

聲有色的小說。故伊‧鮑溫道：

> 這就是藝術的作用，這就是進入小說的藝術。……講到寫小說，不容置疑，技巧是絕對不能缺少的。（p578）

她認爲的小說技巧是：

> 小說家的技巧首先在於會說故事。怎樣才算一篇好故事呢？……第一，必須簡單。我所謂的簡單就是直截了當，易於理解，因此也易於記憶。……一篇好故事的第二個標誌，毫無疑問，在於它能否廣泛引起讀者的興趣。把話說得簡單些，那就是：一篇好故事講的一定是我們感到重要、感到極端重要的關鍵性問題，或者說難題。這是你我在生活中都會遇到的問題。……第三個要素，一篇好故事開頭一定要開得好。它總是從一個使人希望看到下文的情景開始，或至少暗示將出現這樣一種情景。（p578~580）

此處伊‧鮑溫舉出好故事應具備的三要素是簡單、能引起讀者興趣及開頭一定要好，如是的觀點並不難了解，然而一篇故事是否只需具備以上三種要素，便能構成好的作品呢？簡單的故事雖好，複雜的故事也未必不好，尤其一個好的故事，內容涵蓋的主題層面極廣，非簡單的故事所能涵蓋；「故事得廣泛引起讀者的興趣」無庸置疑，令人不感興趣的故事，人們會將其束之高閣；第三個要素，「一篇好故事開頭一定要開得好」固能令人認同，然而開頭好的故事，結尾一定是好的嗎？開頭好和引起讀者興趣通常並存，若開頭好，當然可以吸引讀者繼續閱讀，倘若結尾不好，亦未必能滿足讀者，甚至只閱讀一半便放下了。故在此伊‧

鮑溫的看法可以說是略舉其要者，其實，一篇好的故事要概括的部份當然不只有這三項要素。當然小說家的技巧首先在於會說故事這一點我們是可以認同的，畢竟故事和小說不同，「故事比起小說，故事比較簡單，僅具情節的梗概，缺乏描寫，小說，可以說是採用故事的情節，用豐富的想像，優美的文采，而鋪寫描敘成為感人心靈的作品。這是小說與故事不同的地方。」[3] 具備了基本的說故事能力，小說家才能進一步地完成小說。毛姆在〈論小說寫作〉中便持此看法：

> 讀者想要知道引起他興趣的那些人物的究竟，這是很自然的，而情節就是滿足這種要求的手段。要編出一個好故事顯然是不容易的，但不能因為不容易做到就瞧不起它。一個故事應當具有適合題材需要的連貫性和足夠的可能性；應當是能夠表現性格發展的那類故事，這是當代小說最最關心的；應當有完整性，俾能在故事全部揭曉以後，讀者對於書中人物再沒有什麼問題可以問的了。它應當像亞理士多德談的悲劇，有頭，有尾，有身體。情節的一個主要用處，好多人似乎都沒有察覺到。它是一根指導讀者興趣的線索。這可能是小說中最重要的東西，因為作家要靠指導讀者的興趣才能使他一頁頁看下去，也是靠指導讀者興趣才能使讀者進入他要求的那種心境。（p262~263）

情節完整而生動，才能吸引讀者繼續閱讀。

---

3 見方祖燊《小說結構》p13。

四、人物與對話是生動情節的要素

關於人物的創造，伊·鮑溫認為：

> 在一本書裡面，人物確實是吸引讀者的一個要素。
> （p589）

> 人物……由於情節的需要而產生出來。但是，我這麼說
> 並不是要你覺得人物只是根據公式而製造出來的。絕對不是
> 這樣。人物一旦產生，他們就有了一種非常奇特的、令人無
> 法置疑的現實性。人物同情節的關係是雙重的；因為雖然情
> 節的需要在一定程度上決定了人物，但是情節也起著給予人
> 物以力量和目的的作用。（p590）

小說中，人物除了是吸引讀者的要素之一，亦往往因情節的
需要而產生，故在伊·鮑溫的論述中，可見情節和人物有著環環
相扣的相關性，情節可導致人物誕生，並使人物在小說中扮演著
自己的角色，伴隨著情節的發展。也因此她提到：

> 小說中的人物必須帶著他們各自的必然性進入作品。當
> 我們讀到一篇故事的人物時，我們會感到這些人身上具有一
> 些多半會把他們帶到某種不可避免的命運、某種不可避免的
> 結局的東西。（p590）

但她認為比起如何呈現、介紹、引進人物，有一更棘手的問
題，便是如何使讀者不斷看到人物繼續表演，參加活動，並推動
故事向前發展，此處她又提出：

> 解決這個問題有兩個方法：或者通過分析法，或者通過
> 對話。（p592）

　　她的意思我們不難了解，即通過細膩的分析或真切的對話來使故事開展。

　　關於分析法，伊‧鮑溫所舉出的例子是意識流：

　　　　有一種小說家在較晚一些時候才採用的更為巧妙的人物分析法。我認為二十世紀初期的作家特別樂於使用這種方法，人們稱之為「意識流」。……這種方法對人物的表現，不是通過作家的解釋，而是通過人物自己產生的思想和他們自己具有的感覺。（p593）

　　　　這種寫法需要用比較長的篇幅；其次，這種寫法幾乎總是用來描寫某一人物的個人的平凡經歷和他對這些事物的純粹個人角度的反應。（p595）

　　除了意識流，伊‧鮑溫尚說明她對「對話」的見解：

　　　　對話是使書中人物呈現在讀者眼前——使他們登台表演——的一種更為現代化的手法。要問這種方法為什麼樂於為作家使用，我認為令人滿意的一個回答是，這種方法能吸引人，饒有興味，條理分明，而且能表現出不同人物的性格。（p595）

　　人物藉著對話而使性格凸顯，使個性鮮明，使動作生色，此點是人人能認同的。伊‧鮑溫更言：

　　　　對話的使用和作家對對話的想法不是一成不變的。……「人」是小說所最關切的，小說要寫的將永遠是「人」，雖然隨著時間的改變，隨著時間與表現方法的相應改變，小說將寫什麼樣的人，這些人將扮演什麼角色也可能發生變化。

（p600~602）

可見在小說的技巧中，合情合理的人物創造及生動鮮明的對話均是使情節生動不可少的元素之一。

五、小說時間的流動應隨過去與現在跳躍

伊・鮑溫對時間的看法是：

> 時間是小說的一個主要組成部份。我認為時間同故事和人物具有同等重要的價值。（p602）

時間在小說中，和故事、人物起著同樣功能，金健人在《小說結構美學》中亦說道：「時間也是一個角色」[4]。依據伊・鮑溫的說法，時間的用途是：

> 時間的另一用途是在懸念中，即在敘述故事時不可或缺的「下文如何」中所起的重要作用。……時間還把讀者牢牢地繫到宏大的「現在」上；而如果我們對一本小說要感到關心，感到有現實感，這一點是非常重要的。一篇好故事是一連串效果極強的「現在」──如果你願意的話，叫它場景也未嘗不可──，而這些「現在」是由一些中間性的情節聯繫起來的。我們可以在這時間上前後移動，但是現在這一時刻必須牢牢抓住我們，這樣，當我們閱讀這本書的時候，書中呈現的「現在」就同我們坐在屋子椅子上看書的時刻一樣重要，或者更為重要。（p603）

---

4 見金健人《小說結構美學》p13。

　　在這裡我們可以清楚看到伊‧鮑溫非常強調小說中的時間作用，作者應該將讀者牢牢地帶到「現在」，讓讀者在閱讀的當下感到小說情節的現實感，如同參與戲劇場景轉換般的真實，能讓讀者清楚地感受到小說時間的轉移及流動，如此才能將情節聯繫起來。伊‧鮑溫更進一步說明：

　　　　當我從創造明晰銳利的「現在」這一意義上討論時間時，我想說清楚的是，時間對於製造現實場景的重要意義。一天的時間，一年的季節，或晴或雨，都能給予作家所描寫的場景發生的時刻以我所謂的鮮明性和現實感。（p606）

　　她認為小說家在小說中所使用的語言，能透過時間所呈現的「現在」，而讓讀者看到一幅幅情景逼真的畫面，這便是她所說的「一天的時間，一年的季節，或晴或雨，都能給予作家所描寫的場景發生的時刻以我所謂的鮮明性和現實感。」

　　除此之外，伊‧鮑溫對小說家在經營小說時間的計算上尚有一番論述：

　　　　我們再從時間計算的角度上看一下小說中的「時間」問題。所謂時間計算或者指某些場面的延伸——把幾分鐘的時間擴展到好幾頁，或者指把一段較長的時間加以壓縮，儘管作者沒有著意交代，我們也會感到這段時間確已過去。……小說家在寫書時可以像一把扇子似地把時間打開或者折攏。既然每一篇故事根據自己的輕重緩急，都需要一種特殊的計算時間的方法，所以作者如何計算時間是非常重要的。小說家必須善於分配、調整時間；時間起著突出、加強的作

用。（p608）

以上伊・鮑溫所說的時間，是指小說的內部時間，隨著小說情節起伏發展的時間。而小說的外部時間，伊・鮑溫的看法是：

> 一本小說所以能逾越自己的時代，是因為它具有基本的真實性，因為它含有某種共同的、普遍的東西，含有一種借助於想像力的真知灼見，這種洞見完全適合於今天的情況，……一本真正有力量的小說是能夠長期存在的，……作者的首創力，只有這種能力才能使作者透過表面現象看到有關人生、人生經歷和人物本身的某些令人信服的、重要的、普遍的、含有某種想像的真理。一本能夠存在下來，能夠經受住時間考驗的小說，並不只是存在下來而已。它並不是靜止不動的，它還把所有那些也把自己的某些東西添加給它的人的理解逐漸積累起。它起著使人交感的作用，它自己就成為一種經驗形式。……而且由於不同時代的不同人能夠感受它、評論它、解釋它，小說也如同其他形式的經驗一樣，會不斷豐富擴大。（p610）

總之，小說的外部時間指的是隨著時代的變換，隨著時空的轉移而前進的時間。

一部好的小說，如伊・鮑溫所言是能夠長期存在下來，流傳千古而令人百讀不厭時，即使小說的內部時間所呈現的場景是幾百年前的過去，卻能夠因小說家的經營，跟隨小說的外部時間，把讀者帶到真實感的現在，引發讀者們不斷地談論，賦予它存在的意義及永垂不朽的價值。

　　布托爾所言的時間，則分成「時間的雙重性」和「時間的間斷性」來探討，他認為敘述是一個面：

　　　　「按年代的結構是極其複雜的，簡直讓人眼花撩亂，無論對作品的構成，或是對作品進行批評性的探索，哪怕繪製出巧奪天工的藍圖，最終得到的只能是粗略的近似而已。」

（p529）而「通過『回憶過去』敘述的故事情節雖則按年代的順度鋪展，但同時產生兩路時間連續的重疊。」（529）

　　故可採回憶過去的敘述方式使時間呈雙重性進行，在回憶過去的同時，當下的時間仍然持續進行，如此的敘述方式不似按年代順序鋪展的故事那麼死板。而關於「時間的間斷性」，布托爾的看法是：

　　　　每次我們結束一段敘述，準備進行另一段敘述的時候，「線」中斷了。我們看到的一切敘述都是規定好節奏的，虛虛實實，因為不僅不可能按線性連接講述所有的事件，而且在每一個系列內也不可能把所有的下文一起敘述出來。我們只能在某些時刻保持時間的連續性，時不時故事如潮水般湧現，但是在兩潮之間的間歇，我們幾乎不知不覺地作出巨大的跳躍。（p530）

　　此外，布托爾將小說領域分成三階段：歷險階段、寫作階段和閱讀階段來談速度，三者的關係是錯雜的：

　　　　寫作階段往往是作者敘述的歷險映照。……作者給我們提供一篇概述，我們兩分鐘就念完了（他可能花兩個小時寫的），其中的情節，某個人物可能花兩天完成，其中的事件

可能延續兩年。我們就這樣安排小說的不同階段的速度。在這方面，人們感覺得到有些章節特別重要，這些章節，其閱讀的時間和所讀的內容進展的時間發生重合，譬如所有的對話，人們可以通過對話明顯地放慢速度或加快速度。（p532）

六、空間的移動便是時間的流動

關於「空間的特性」，布托爾說：

要想研究時間的連續性，即要想顯示空白，那麼必需把時間使用到空間上，把時間看作一個行程，一段路程。⋯⋯一切空間的移動將意味著重新組織時間結構。（p533~534）

可知他體認到「空間的移動」便是時間的流動。

七、不同敘事人稱的使用帶領讀者閱讀

對於「人稱」的看法，布托爾認為：「閱讀過程中，即便是最簡單的情節也始終牽連著三種人：作者、讀者、主人公」（p534）。而他對三種人稱的區分是：

（一）第三人稱：主人公一般在語法中以第三人稱出現，他是作者向我們講述的人物，講的是他的經歷。

（二）第一人稱：作者把一個代表他的人物引入作品中含有極大的好處，這個人物以敘述者的形式出現，給我們講述他自己或他人的經歷，用的是第一人稱。

（三）第二人稱：有時在作品中引入一個讀者的代表，就是作者所對話的第二人稱的人，作者正是對他講自己的故事。

八、敘述的句式由短句轉變成長句

在〈句子的變遷〉中，布托爾認為以往句子的使用大多呈現短句的形式，而：

> 「兩個相連的句子之間的『連接』形式，已經不能再讓它被省略了。……短句子必要時組合成長句子，這樣就可以像以前某些偉大的作家一樣充分使用動詞變位所提供的多姿多彩的形式。」（p536）

此處布托爾所言句子的變遷，即從短句轉變成長句，而目的是為了使小說的形式更多姿多彩。

九、小說的結構應變化不定

在〈變幻不定的結構〉裡，布托爾認為：

> 「小說結構卻像一座大教堂或一座城市。」（p536）

在這大教堂或城市中，結構是變幻不定的，故：

> 「讀者關心在作品這個小天地裡所發生的一切，因為作品是我們人的狀況的鏡子。」（p537）

由此可見在布托爾的看法中，小說結構所呈現的便是人們日常生活狀況的寫照，因此這結構是變幻不定的，展現各種不同的表達形式。

十、小說的功能在表現部份的意識型態

在皮埃爾‧馬什雷的看法裡，他認為小說不可能再現全部的意識型態，且作品之所以成功的條件，根據皮埃爾‧馬什雷的說

法是「能夠使人從作品中看到它所要敘述的內容的反面」，意即「作品的反面」，也就是深涵的意義。

他所提出的主張，認為關於小說的功能是：

首先在一部具體的作品裡，不可能再現全部意識型態：它只可能表現意識型態的一個部份，這樣就有了選擇，而正是這種選擇具有意義，因為它能夠或多或少地具有代表性。因而作品中的各種矛盾——如果有的話——不可能和這部作品所從屬的各種矛盾「相同」，不可能是這些矛盾的逐字逐句的再見，即使人們在作家的生活本身裡發現了這些意識型態矛盾也同樣如此。

如果說作品可以被看成是這些現實矛盾的反映的話，它也不是作為一種再現，而是由於本身特有的手法成了真正的「產品」。歸根結底，意識型態只能由這些產品的總體來「創造」，或者至少從這些產品開始創造。在作品問世之前，意識型態不像一種可以再現的體系：它由作品來加以採用和加工，因此不可能具有獨立的價值。

所以主要的是作家的行為：他對自己搜集的資料進行了獨特的濃縮、調整、甚至是一種結構化：所有只是集體預感、設想、憧憬的一切都突然「陷入了」一種很快被人們所熟悉的形象，這種形象對我們來說就成了現實，成了這些設想的血肉本身，只有它賦予它們以現實性。

凡爾納的作品以此提供了一個不可替代的範例：它不僅賦予意識型態以一種新的形式，而且賦予它可見的形式。這

種可見的形式並非也是任何一種理想的現實、任何一種不可見的形式，然而有可能發現它歪曲的痕跡。不可避免的歪曲，這是對虛構的檢驗，這種歪曲不能在它與任何實證性的關係中被指明，但是可以被描述出來。作品顯得像某種「改變」，而其中沒有任何經得起這種改變的內容。作品存在於它想要成為的樣子的反面，它本身的反面。（p68-69）

由此便可看出皮埃爾‧馬什雷極重視小說的功能應在於表現部份的意識型態，且還要能反映出作品反面的深涵意義。這和詩歌理論中的弔詭（paradox）若合符契。

貳、小說的人物

論述與小說人物相關的篇章有：（一）《小說面面觀：小說中的人物》分為上、下兩篇，為英國小說家佛斯特在劍橋大學演講的內容，闡述佛斯特個人對人物的看法，及分別說明小說人物的類型和舉例印證。（二）〈小說家及其筆下的人物〉為法國作家弗‧莫里亞克著，文中從他的小說創作經驗出發，論述如何從現實生活中擷取素材，經過剪裁和再創造，來塑造小說中的人物。

一、是小說家同現實結合的產物

莫里亞克認為作家的取材，大多源於現實生活：

我們所虛構的一些作品來源於現實的因素，我們是把我

們對別人的觀察所得和對自己本身的了解或多或少巧妙地
結合起來。長篇小說的主人公是小說家同現實結合的產物。
想在這種結合中區分出，哪些屬於作家本人的，是他所傾注
的自己的心血和哪些是他取自外部世界的——這簡直是一種
冒險的企圖。（p209）

作家雖取材於現實，卻也將對他人的觀察及對自己本身的了解
或多或少巧妙地結合起來，而小說家創作手法的高妙，當然要
在於巧妙結合處不落痕跡，使讀者難以看出現實與虛構的分別，
倘若硬要就此三者中去區分出哪些是現實、哪些是對他人的觀
察，以及哪些根本是作家本人的經歷，在莫里亞克認為這是一種
冒險的企圖。按毛姆的《世界十大小說家及其代表作》一書便是
在這方面下了很大功夫，研究作家取材的來源。而佛斯特也認為
小說的人物是來自於小說家的塑造：

　　　　小說家卻和他的許多同僚們不同，虛構了若干用語言文
字塑造的粗略地描繪著自己的群像，給他們姓名和性別，指
派他們作出合乎情理的姿態，使用引號來叫他們說話，多半
還要叫他們行為舉止首尾一貫。這些用語言文字塑造的群
像，便是小說家的人物。……他們的品性憑小說家對別人和
對自己的設想而定，並且要根據他的作品的其他各個方面來
進一步加以修飾。（p127）

而談到模仿和創造，莫里亞克認為：

　　　　這些作家——回憶錄的作者和肖像畫家，嚴格說來，不
是在創作，而是在模仿和複製，按拉布呂耶爾的說法，他們

只是把借自公眾的東西又還之於眾；讀者是不會在這一點上受騙的：他們想方設法地要猜出來，這些人物的原型是誰，並且很快會找到每個人物的原來的名字。（p209~210）

回憶錄的作者和肖像畫家當然不是創作，因為是「回憶錄」、「肖像畫」，模仿和複製本該如此，莫里亞克此一說法是可以認同的，如前美國第一夫人希拉蕊的《Living History》（中譯本定名為《親歷歷史──希拉蕊回憶錄》），便是從希拉蕊中學時代開始書寫，中間經過白宮時代所見所聞，及與柯林頓之間情感糾葛的一切，將之寫成一部回憶錄。又如達文西名畫蒙娜麗莎的微笑，人們一直很有興趣地去找出原型是何人。莫里亞克所持的看法是：

　　真正的作家塑造出來的這些男女主人公，不是作家在生活裡碰到的模特兒的複製品，作家本來滿心希望地認為，這些人物是他們用自己巨大的創造力虛構出來的。（p210）

而佛斯特也提到：

　　歷史家從事記錄，而小說家則必須創造。……在日常生活中，我們決不會互相了解，既不存在完美的超人洞察力，也不存在徹底的懺悔。我們憑借外表證據大致互相認識，這些作為社交甚至親密交往的基礎都足夠了。但是，一部小說中的人，要是小說家願意的話，就能夠為讀者完全了解；他們的外表生活也好，內心生活也好，都能夠予以揭露。正因為這個原故，他們往往比歷史上的人物，甚至比我們自己的朋友，看能來更加明確；關於他們的一切，能夠說的都對我

們說了，即使他們是有缺陷的，或不真實的，他們也決不保留任何秘密。（p129）

真正的作家塑造出來的男女主人公，不是作家在生活裡碰到的模特兒的複製品，作家本來滿懷希望地認為，這些人物是他們用自己巨大的創造力虛構出來的，而莫里亞克以上的說法，應該說是一種理想，也許許多作家都希望自己筆下的人物是用自己巨大的創造力虛構出來的，如此才稱得上是創作，畢竟對文學、藝術等作品的創造而言，創作應是不事模仿、出於己意的創造，但或多或少總會在作品中找到現實生活的影子。而佛斯特的說法則強調小說家必須創造，即日常生活中的人和作品中的人，兩者之間應該有根本的差別。在莫里亞克的看法中，作家所依據的原型人物是不可隱諱的，但必經過他的塑造：

> 不管作家如何抗議，他們還是在他的書裡認出了自己或自己的親友。這是否證實了，為了創作自己的主人公，作家不知不覺地從生活中積儲起來的大量形像和回憶中汲取了素材呢？……藝術家在童年時積累了許多臉型、輪廓、語言；還有使他們驚奇的事，也會留在他的記憶裡，而不會像在別人那裡那樣很快消失：所有這一切對他來說都是不知不覺的，像一個隱蔽的生命，在他的身內蟄居、蠕動，必要時就脫穎而出。（p210）

可以為莫里亞克的看法做例證的是魯迅和張愛玲的小說，而許多作家的作品，亦有不知不覺地從生活積儲起來的大量形象和回憶中汲取素材。

二、主角的創造反映了現實中的活人

對於主角的創造，莫里亞克的看法是：

> 所有主要的男女主人公，常常是一些不幸的人，他們究竟在多大程度上也反映了現實的活人呢？在多大程度上是修飾過的照相呢？難以確切回答這個問題。生活給予小說家的只是人物的素描、有可能發生的戲劇的雛形、在另一種情況下有可能饒有興趣的平凡的衝突。總之，生活給予小說家的只是一個出發點，他從這兒出發，可以走自己的、不同於事件的實際進程的道路。他把現實中潛在的東西寫成現實。有時，他簡直是選擇一個同生活事件的實際發展直接相反的方向。他互換劇中人物的位子：在他所熟悉的一個悲劇故事裡，他在劊子手那裡尋找受害者，又在受害者那裡尋找劊子手。他從生活素材出發，又同生活進行爭論。（p213）

在小說中，刻意找出主人公在多大程度上反映了現實的活人是沒有量化標準的，而生活給了作家創作的素材則可以確信，即使以奇幻為主題的小說，亦能在奇幻中窺見現實生活的影子，諸如邪惡與正義的對抗，不也是生活中時常發生的事情嗎？不過，不見得所有主要的男女主人公，都是一些不幸的人。除非對所有的小說下過數據的研究，否則這樣的說法，實令人難以認同；也許所佔比例較多，卻並非全部或大部分。

另外莫里亞克又談論他個人的創作經驗：

> 我用現實中得來的素材，塑造了一個完全不同的、更為複雜的人物。……除了這個出發點以外，我描寫的人物不僅

同現實生活中的活人不同，而且是他直接的對立物。我攝取
了現實中存在的環境、習慣、性格，但卻賦予主人公以另一
種靈魂。（p214）

從上述文字，可見莫里亞克在創造人物時直接取材於現實生
活，但不全然以現實生活爲模型，而是在現實生活這個大的素材
裡，再加油添醋一番，使小說的人物變得更立體鮮明，形象更加
突出。他也認爲小說家和其筆下的人物是有所區別的：

我們主人公的感受和我們自己的感受的規模是毫不相
符的。在明顯的時候，我們偶爾能在我們心裡找到我們筆下
的某個人物迸發的感情的萌芽，兩者的力量是不能相比的，
在小說家的感受和他主人公心靈中所發生的情況之間幾乎
毫無共同之處。（p215）

這話當然不無誇張之處。他又認爲：

作家讓自己筆下的人物問世，托付給他們一定的使命。
有的小說的主人公是說教家，為事業作出犧牲，以自身的例
子說明偉大的社會規律或人道主義思想，成為人們的榜樣。
但作者在此應當十分小心謹慎。因為我們筆下的人物並不服
從我們。他們當中甚至會有不同意我們、拒絕支持我們的意
見的頭號頑固派。我知道，我的有些人物就是完全反對我的
思想的狂熱的反教權派，他們的言論甚至使我羞慚。反之，
如果某個主人公成了我們的傳聲筒，則這是一個相當糟糕的
標志。如若他順從地做了我們期待他做的一切，這多半是証
明他喪失了自己的生命，這不過是受我們支配的一個沒有靈

魂的軀殼而已。（p219~220）

作家筆下的人物典型可能從這本書轉移到另一本書，但莫里亞克肯定的是作家創造人物的才能，他主張：

> 應該稱讚的是作家創造人物的才能，這些人物可以從一部長篇小說轉到另一部長篇小說中去，可以改變自己的命運，在這一點上可以超出真實的人，在新條件下重新開始生活。（p223~224）

莫里亞克提到缺陷作家所創造的人物，「作者的缺陷不僅沒有損害他創造的人物，甚而還使他們豐滿起來。」（p227）這是由於作者擁有的人生經歷，是一般人所沒有的，因此創造出來的人物反而更加鮮活。譬如杜思妥也夫斯基便是一個顯例。對於穩健而身體結實的作家所創造的人物，則「他的創作就會一直發展到這個創造它的巨人倒下為止。」（p228）此處莫里亞克的說法實在很新鮮。

關於小說家筆下的主人公，莫里亞克的看法是：

> 這些主人公無論在我們看來是多麼真實，他們總是帶有某種思想，在他們的命運中總是會有某種教訓，某種我們在總是錯綜複雜的充滿矛盾的現實命運中從來沒有見到的教益。甚至在作者都沒想要證明或說明什麼的時候，偉大作家筆下的主人公，也總是掌握某種真理，它也可能是作家不同意的，但是它是我們每個作家必須揭示和採納的。（p231）

這即是小說家藉著人物的思想情感來表達某種真理，不論善惡，都是作家於小說中所欲傳達。故莫里亞克在最後才說：「小

說家時刻得把自己個人、把『自我』下在賭注上。……作家是以
自己整個的身心去冒險。他扮演著自己筆下的一切人物，有時變
作惡魔，有時又化為天使。」（p232）

　　不論小說所採的敘事者是誰，作家都是背後隱藏的那一位看
不見，卻是筆下人物發展及傳達思想的主導者，因此當作家在刻
畫負面人物時，便成了莫里亞克所言的惡魔，此時他必須轉換爲
惡魔應有的性格、思想及作爲，又當作家刻畫正面人物，即莫里
亞克所謂的天使時，則他又得換成天使應有的性格、思想及作爲，
故莫里亞克才會說作家是以自己整個的身心去冒險。總言之，作
家畢竟是一個創造者！

三、次要的人物直接取材於生活

　　根據莫里亞克自己的創作經驗，在他的書中，只有次要的人
物才直接取自生活：

　　　　人物在小說中的作用越小，那麼他照現實中原樣借用的
　　可能性就越大，這可以說已成了一條規律。這是很容易理解
　　的，這也像戲院裡常說的「配角」一樣。這些在情節中不可
　　缺少的人物在小說主角面前總是黯然失色的。藝術家沒有時
　　間對他們進行重新剪裁和再創造。他照自己記憶中的印象寫
　　出來。他無須乎跑得老遠去尋找在作品中只是一晃而過的女
　　僕或農民。他只需憑記憶毫不費勁地把特點輕輕描上幾筆就
　　行。（p213）

　　這裡的看法，便是近似佛斯特所言的「平面人物」：「在最

純粹的形式中，他們依循著一個單純的理念或性質而被創造出來；假使超過一種因素，我們的弧線中趨向圓形。真正的扁平人物（按：宜譯爲「平面人物」）十分單純，用一個句子就可使他形貌畢現。」（《小說面面觀》，p92）

四、小說家於創作時運用不同類型的人物

佛斯特認爲可以把人物分爲扁形人物（應作平面人物）和渾圓人物（應作立體人物，譯爲「渾圓」是錯誤的）兩種：

（一）平面人物：扁形人物在十七世紀叫作「脾性」；有時叫作類型人物，有時叫作漫畫人物。就最純粹的形態說，扁形人物是圍繞著單一的觀念或素質塑造的：要是扁形人物身上有一種以上的因素，我們就看出來朝著渾圓人物發展的那條曲線的開端。真正的扁形人物用一句話就可以形容出來。扁形人物有一個很大的優越性，他們無論什麼時候上場都很容易被人認出來；扁形人物的第二個優越性，就是讀者讀過以後很容易記住他們。……我們必須承認，扁形人物本身並不像渾圓人物那樣是很大的成功，不過當他們是喜劇人物時，卻是最合適的。（p146~151）

（二）立體人物：一個渾圓人物的檢驗標準是看它能否以令人信服的方式使人感到驚奇。如果決不能使人感到驚奇，那是扁形的。如果不能令人信服，那是扁形的假裝成渾圓的。渾圓人物周圍有無可限量的生活——在一部作品版面範圍內的生活。而小說家有時單單憑藉運用渾圓人物，更經常

的是和其他類型人物配合在一起，就能完成使人物跟他的
創作的其他各個方面相適應、相協調的任務。（p155）
按：平面人物只凸顯一種個性，立體人物則有多元化人格。

參、小說的類型

與小說類型相關的篇章有：（一）〈歷史小說〉爲印度詩人
泰戈爾就歷史小說的地位與特性、歷史小說與歷史的關係等所作
精闢的闡述。（二）〈歷史小說中的語言和筆調〉是法國當代女
作家瑪格麗特・尤瑟納爾的論文，作者在文中以自己的兩部歷史
小說的語言爲例，就歷史小說的本質以及它應當採用的語言，進
行了精闢的論述。（三）〈傳記與小說〉是法國小說家安・莫洛
亞著，內容在闡述傳記與小說之間的差異和某些內在的聯繫。（四）
〈史詩和長篇小說〉是俄羅斯文藝學家米・巴赫金所作，文中詳
細分析了史詩和長篇小說在取材、創作思想的定位目標、時間等
級及與當代生活的關係等。（五）〈小說文論兩篇〉爲意大利小
說家阿爾貝托・莫拉維亞針對小說類型各有特色之論述，文中從
對短篇小說與長篇小說的對比中，分析了兩者的主題骨架、布局、
情節、人物、技巧方面軒輊有別的特性。（六）〈新小說與現實〉，
是法國哲學家呂西安・戈德曼，對「新小說」與現實做一見解論
述，並且探析娜塔麗・薩洛特和羅伯・格里耶在小說創作上的不
同方式，進一步使讀者了解新小說的文學現象。（七）〈我對短

篇小說的理解〉為蘇聯小說家瓦西里・舒克申的論述，強調短篇
小說的最大特點是「簡單和緊湊」，應以「有關的事為注意中心」，
特別要注意「讓讀者去補充許多東西」。（八）〈我這樣寫我的
短篇小說〉是阿根廷作家豪爾赫・路易斯・博爾赫斯的一篇演講
稿，內容概括了他的創作思想和手法。

一、歷史小說是複製歷史情味的創作

泰戈爾認為：

> 小說創作得到了一個與歷史結合的特殊情味，小說家已
> 成為歷史情味的貪婪者，他們不特別注意某些歷史真實，如
> 果有人不滿意小說中的歷史的特殊香味，想從中揀出已不可
> 分割的歷史，那等於要從已煮熟的菜肴裡找出香料、調料、
> 薑黃和芥子。我們同那些只有證實了調料之後，才做可口的
> 菜肴和把調料壓成一個模式做菜肴的人，沒有任何可爭執
> 的，因為這裡味道畢竟是主要的，調料是次要的。也就是說，
> 不管作家保留還是分割歷史，只要複製歷史情味，他的創作
> 活動才能獲得成功。（p12~13）

小說和歷史畢竟不同，小說反映人生，歷史小說也不是歷
央，它反映社會，只是反映，而不全然是歷史如實的寫照，且創
作者是小說家，非歷史學家，故泰戈爾的看法裡，歷史小說只要
能重現歷史情味即可使作家的創作活動獲得成功。他亦談及：

> 倘若把某人或幾個人的生活沉浮興衰，恰如其分地寫進
> 小說裡去，將增強情味的分量，能使人們陶醉。（p11）

從泰戈爾的主張來看，不必嚴肅地將歷史小說視為歷史全面
而作如實的記述，歷史小說中呈現出的歷史情味才是它所持的特
性，但歷史情味不能通過無限的想像被創造出來，泰戈爾認為：
「為了創造歷史情味，是需要有一定數量的歷史資料。」（p12）
可見歷史小說和歷史之間仍有相關性存在，非憑空虛構。

二、傳記與小說差別在內心獨白的呈現與否

莫洛亞於文中舉了個很好的例子，使我們了解傳記與小說的
差別：

> 在一場進攻中，有個士兵躲在彈坑裡，這時他原可以前
> 進，但稍稍延遲片刻，等炮火封鎖解除後才趕上戰友們。如
> 果這個士兵被軍官發現了，他就會被視為膽小鬼；如果他這
> 種行為日後被他的傳記作者知道了，他就會作為缺乏勇氣的
> 人進入歷史。如果這個掉隊的士兵沒有被發現，對傳記作者
> 來說，這種行為就完全消失了。但對我們這個士兵本人來
> 說，他實際上可能滿懷著勇敢的願望。他並不是膽小鬼，他
> 本想前進，但他的身體不允許他前進，幾乎迫使他留在原
> 地。這種情況，小說家就可能了解；他還可能了解軍官的意
> 見，他可以把這兩個方面都表現出來。（p163）

根據這個例子，便可印證莫洛亞所言傳記和小說的不同在
於：

> 在傳記中，人物僅僅生活在別人目擊過他們並對他們的
> 行動作出記載的範圍之內。……傳記的主人公也僅僅憑藉他

的見證人或他本人所畫的各種草圖而存在。……小説家向我
們同時提供了演員對自己的看法、觀眾對演員的看法和二者
複合而成的第三種看法。（p162~163）

因此我們根據莫洛亞的說法，可以了解傳記和小說最大的不
同，是能否窺見人物的內心獨白。他並接著說：「正由於不可能
對內心生活與表面生活進行綜合，傳記作者與小說家比較起來就
失去了優勢。」（p164）

對於內心獨白，莫洛亞更有進一步的說明：

虛構的人口若懸河，滔滔不絕，要不然就以內心獨白的
形式苦思冥想，通過小說特有的奇跡，我們在全神貫注時和
小説家——上帝的觀察所——一起聽見這種內心獨白。傳記
的人物卻很少和他的同伴們談話，獨自一人時從不思
考。……我們將寫出很少反映內心世界的傳記。（p172）

因此，魯迅的〈阿Q正傳〉名稱看來似乎是傳記，作者於第
一章亦言是為阿Q作傳，內容卻是不折不扣的小說，其判斷之準
則便是莫洛亞所言的內心獨白。

三、短篇小說的理解

（一）短篇小說的多樣性舉例

短篇小說是一種明確無誤的、獨標一格的，並具有自身的規
則和規律的文學品種，要給它下一個定義，也許是不可能的；其
中原因在於，較之長篇小說，短篇小說具有無比豐富多樣的特性。

根據瓦西里·舒克申的說法是：

　　我很欣賞優秀短篇小說的簡練和緊湊。按我的理解是，什麼是短篇小說呢？比如說，有個人在街上走，見到一個熟人並對他講，剛才在拐角那邊的馬路上有個老太太突然摔倒了，一個像載重卡車一樣的大個子卻哈哈大笑起來，但後來他馬上為自己的蠢笑感到難為情，就走到老太太跟前，把她扶起來，並且還向街上四面張望了一下，看看是否有人看見他笑過。這就是整個故事。或許作者要用兩頁篇幅來描述老太太摔跤那天早晨天氣是多麼明朗。可是如果他說：「早晨天氣晴朗，溫暖，正值秋季」，讀者或許能夠回憶起自己生活中這樣一個秋日的溫暖的早晨。

　　這裡，我談的是那些可以不寫成贅筆的贅筆，而說的仍舊是內在外在動作的那種規律，短篇小說同樣應該吸引讀者，令其心中產生緊跟生活或同生活一起急速前進的歡樂感情。短篇小說應該是使人讀來興趣盎然，僅此而已。

　　那麼，作者的結論呢？他的態度，他的風格呢？無論是結論、構思還是風格，任何人都不會強行規定。試圖不抱任何態度去敘述任何一件事，那是不可能的。不持態度的敘述，其實也就是一種態度，也可以給它下某種定義，說它是某種「冷漠的現實主義」。

　　所以作者──敘述者要是離開自己的生活經驗去追求「單純」的職業性，這大概是不行的。陷於「單純」的職業性中容易陷入迷途，什麼也發現不了，結果就無可描述了。

　　人的事情應該是短篇小說的注意中心，這不是長篇小

說，篇幅小，時間少，讀者是邊幹事邊閱讀的，此外，人的
事情是無法臆造的。把生活完整無損地「移植」到讀者意識
裡的小說，是一篇好的短篇小說。（p396-399）

　　雖說如此，但「短篇小說應該是使人讀來興趣盎然，僅此而
已」恐怕說得太狹隘，優秀的短篇小說如西方的莫泊桑、中國的
《世說新語》、魯迅的短篇小說等，難道只是為了使人讀來興趣
盎然而已嗎？恐怕不僅此而已。

　　而阿爾貝托·莫拉維亞的看法，則是認為短篇小說家習慣於
在有限的天地裡，按照短篇小說的不很精確的規則去表現自己，
他們發現很難寫出一部名符其實、優秀的長篇小說。以十九世紀
後半期兩位短篇小說大師莫泊桑和契訶夫為例，這兩位作家各自
給我們留下數量蔚為可觀的短篇小說，構成了他們生活的那個時
代法國和俄國生活的無可比擬的全景圖。莫泊桑和契訶夫可以說
窮盡了他們那個時代的豐富多姿的社會情態和人物。而薄伽丘，
這位堪稱各個時代和各個地域中最出類拔萃的短篇小說作家，同
但丁一樣，向世人提供了無比廣博和豐富多姿的範例。在《十日
談》裡，同《神曲》不一樣的是，所敘述的一切，完全是為著完
整地展示這種生活，其唯一的旨趣是稱頌這一生活的廣博多樣和
豐富多姿。

　　不過，莫泊桑和契訶夫一旦去嘗試寫作長篇小說，那他們就
很難寫得像他們的短篇小說那樣豐富，那樣令人信服。莫泊桑的
《俊友》，與其說是貨真價實的長篇小說，倒更給人以膨脹了的、
擴展了的和加水稀釋的短篇小說的印象。在莫泊桑和契訶夫的長

篇小說和較長篇幅的短篇小說裡，可以感覺到缺少某種東西，而
這些東西正是構成長篇小說，哪怕是一部很拙劣的長篇小說所不
可或缺的。契訶夫把濃烈的詩情，沖淡成一些缺乏內在必然性的、
無緣無故的情節，而莫泊桑則向我們展現了一系列互不關聯，僅
僅由主人公的存在而連綴起來的畫面。

　　莫泊桑和契訶夫並不精通寫作長篇小說的技巧。所謂技巧，
事實上只不過是作家的靈感的形式，也是作家的個性的形式。莫
泊桑和契訶夫的技巧，不適合於長篇小說，這兩位作家想要表達
的東西，只有在短篇小說中才能得到表達。

（二）長篇小說與短篇小說的分水嶺

　　短篇小說同長篇小說的最主要的、根本的區別，在於敘述的
布局，或者說敘述的結構。

　　長篇小說的共同特性中最關重要的，乃是我們稱之爲思想意
識的存在，或者說，即敘述的骨肉圍繞其凝聚而成形的主題骨架。
長篇小說總是要有一副足以從頭到腳支撐著它的骨架；相反地，
短篇小說不妨說是不需要這樣的骨架的。正是這思想意識使長篇
小說不成其爲短篇小說；同樣，由於缺少這種骨架，短篇小說也
斷難成爲長篇小說。

　　但決定一部長篇小說之所以成其爲長篇小說的各種東西，全
都淵源於思想意識。對於優秀的、真正的長篇小說家而言，情節
只不過是各種對立的、糅合的思想意識主題的組合。換句話說，
情節不只是由諸種情感直覺組成，而主要是由明確無誤的，並以
富有詩意的方式表達出來的思想意識所構成。如《罪與罰》的情

節，係由各種各樣的思想意識主題的交叉、對峙、衝撞和競爭構成的，杜思妥也夫斯基打小說的開篇便向我們提供了這些思想意識主題，即拉斯得里尼科夫、索尼婭、司維特里喀羅夫、馬爾美拉多夫、法官波費里萊的思想意識主題，這些人物是自主的、充溢著人性的，但同時又是富有思想的，從他們身上可以不費力氣地抽象出他們所體現的思想意識意義；而就莫泊桑和契訶夫的短篇小說的人物而言，是完全無法做到這一點的。

　　長篇小說情節的跌宕起伏、矛盾衝突、意外的驚奇、富於戲劇性的衝擊，甚至扭轉乾坤的救星的出現，從來不是作家外在的干預結果，或者說，也從來不是我們稱之為永不枯竭的生活源泉的作用，而是諸種思想意識主題辯證的、必然的發展的結果。短篇小說對形形色色的、僅僅具有個性特徵的人物進行審視，而長篇小說與其說賽似「社會檔案」，毋寧說它實際上常常賽似哲學論文或倫理論文。顯然，思想意識主題是否存在，不僅決定著情節，也決定著人物的品格。

　　短篇小說擷取某一特定的、時間與空間都非常明確的時刻，按照構成故事題材的某一特定的事件而展開。長篇小說的情節發展是漫長、廣闊而曲折的，它把傳記材料與思想材料冶於一爐，在既現實又抽象、既內在又超驗的時間與空間內展開。短篇小說的人物乃是抒情直覺的成果，而長篇小說的人物則是象徵的作品。長篇小說的人物在任何的情況下絕對無法濃縮於短篇小說狹窄的天地，正像短篇小說的人物也絕對無法在長篇敘事裡擴展，而不失去本來的風貌。

　　短篇小說的人物是非思想意識性的，他們按照受制於時間與空間的行爲的需要，而獲得縮小的或縱向的觀照；盡可能簡單的情節；情節的複雜性源於生活，而不是任何思想意識合奏曲，以事實而非思想表現爲基礎的人物心態。長篇小說向我們展示的現實，要比短篇小說所表現的現實更加複雜、更加辯證、更加多元、更加深刻和更加形而上。短篇小說趨同於抒情詩，而長篇小說，正像我們已經提及的，則每每更接近於哲學論文。以上是瓦西里·舒克申的見解，他言明「長篇小說與其說賽似社會檔案，毋寧說它實際上常常賽似哲學論文或倫理論文」指的應是長篇小說如論文般有著明確的主題，思想意識強且篇幅廣大，多元而複雜之意。

四、關於長篇小說

巴赫金在文中對長篇小說所舉示的論述有：

（一）長篇小說的特點：

1.**是唯一在形成中的體裁**：長篇小說——是唯一猶在形成發展中的體裁，因此，它更爲深刻、本質、敏感和迅速地反映現實生活本身的形成。只有正在形成中的東西能理解形成。長篇小說之所以成了近代文學發展戲劇性變化的主要角色，就因爲它能最好地表現新世界形成的傾向，其實，它——是由這個新世界產生並在一切方面和這個世界具有同樣質性的體裁：長篇小說在許多方面預示了並正在預示整個文學未來的發展。因此在占據統治地位的同時，它促進了所有其他體裁的更新，它把形成和未完成性同時傳染

給了它們。（p300）

2.**具有多方面的體裁**：長篇小說——是多方面的體裁，雖然也有許多表現一個方面的優秀長篇小說；長篇小說——是情節緊張和動作感特強的體裁，雖然有的長篇小說在文學上極度地平鋪直敘；長篇小說——是提出問題的體裁，雖然大量的長篇小說作品堪稱那種純粹爲了吸引人和無所用心的樣板；長篇小說——往往是廣義的愛情故事，儘管歐洲長篇小說的許多名著完全沒有愛情的成份；長篇小說——是散文體裁，雖然也還存在一些優秀的詩體長篇小說。（p301~302）

3.**長篇小說在風格上同它現實的多語意識相聯繫。**

4.**長篇小說中文學形象的時間坐標變化很大。**

5.**長篇小說中文學形象構成上的區域，恰恰是一種通過其未完成性表現出的與當前生活的最大限度的接觸。**

而上述 3、4、5 是有機地相互聯繫的，即：從封閉的、沉寂的半宗法制狀態走向新的多變民族、多語言互相聯繫和交流。（p304）

6.**具多元的表現形式**：長篇小說廣泛而實質地採用日記、書信、自白的形式，採用新的訴訟、演說等形式和手法。建立在與現代未完成事件接觸區域裡的長篇小說，常常跨越藝術文學的獨特界限，變成有時是道德宣傳，有時是哲學論文，有時是直率的政治演講，有時演變成原始的不拘形式的內心自白，演變成「心靈的呼喊」等等。（p325~326）

（二）對長篇小說的要求：

1.長篇小說不必像其他藝術文學體裁具有的那種所謂的「詩意」。

2.長篇小說的主人公不應該是「英雄主義的」，無論在這個詞的史詩的和悲劇的意義上：他應當把正面和反面、卑賤和崇高、可笑和嚴肅結合在一起。

3.人物不應該被表現成定型的和無變化的，而應該是受生活的影響形成、變化的。

4.長篇小說應該成為當代世界像古代世界的史詩一樣的體裁。（p302~303）

（三）長篇小說的內在主題：

長篇小說的基本內在主題之一，恰恰是人物和他的命運及他的地位之不對等。人或大於自己的命運或小於自己的人性。他幾乎不可能整個徹底地成為官員、地主、商人、未婚夫、妒忌者、父親等等。如果長篇小說的人物結果還是成了這樣的人，即完全與自己的地位、命運相等，那麼過於豐富的人性就會通過主人公的形象來實現；這種過於豐富卻總是通過作者的形式——內容方面的立場，通過他觀察及描寫的方法實現的。（p330）

（四）結　論

長篇小說一開始就不是通過絕對的過去的遠距離形象構建的，而是建立在與這個未定型的現代生活直接接觸的區域裡。它的基礎是個人的經驗和自由的虛構。新型清醒的藝術散文的長篇小說的形象，和新的以經驗為基礎的批判性科學概念的形成，平

行並同行。……長篇小說從一開始就是由與一切其它定型的體裁不同的另一種文本構成，它是另一個類別，整個文學的未來在一定意義上是和它一起並通過它產生的。因此它一產生，便不再僅僅是諸體裁中的一種體裁，它同它們也無法和平與和諧地相互共存。

長篇小說的形成過程沒有完結。它現在正進入一個新的階段。對時代來說，最具有特徵的是世界的異常複雜化和深刻化，是人的要求、清醒和批判主義的異常增長。這些特點同時也正在決定長篇小說的發展。（p322-333）

而阿爾貝托‧莫拉維亞則認為，思想意識型的長篇小說，或者說論述型的長篇小說，看來主要是小說家同現實之間關係的危機的產物。十九世紀的小說家不會對自己描寫的客觀現實發生懷疑，即使他筆下的客觀現實是歪曲或變了形的；歪曲或變形通常被簡單地歸結為「風格」或語言技巧的差異。因此，十九世紀小說家的現實主義，在某種程度上說，是科學的現實主義，這不只因為它常常從自然科學那裡借鑒各種術語和公式，而且還因為對客觀現實，擺出了一副學習、研究和考察的架勢。

十九世紀長篇小說慣用第三人稱，借助限制人的環境和制約人的法則，進行細緻入微的重新構建，這種第三人稱便獲得了達到極至的客觀性。這樣的第三人稱又似乎意味著，社會態勢和心理態勢的存在，是始終一成不變的和反覆出現的。

十九世紀的小說家，對於具有普遍性和共同性的語言和現實的存在，一直深信不疑，他們不得不面對語言和現實的相對性，

於是，從那個時候開始，用第三人稱寫長篇小說，便是再也不可解脫的了。由於不存在一種共同的語言，由於小說家同現實之間無法建立一種始終均衡的關係，長篇小說便成為斷片的作品。這麼一來，不可避免的後果是，存在著不止一個現實，不止一種語言，而是有多少個小說家，便有多少個現實，便有多少種語言。

十九世紀的長篇小說死亡了，主要是因為，長篇小說想同「社會檔案」，從而同照相、新聞、科學調查比個高低。這些作為文獻和證明的媒體今天所取得的成效，已使得長篇小說以及它的虛構和假定性顯得毫無裨益和令人厭惡。

小說家的思想不是產生於他的頭腦，而是來自他的感覺。總覺得每一次發現都導致主題的發現，但小說家常常不能自覺地意識到這一點。舉個例子來說，我們知道巴爾札克作品的主題是什麼，因為我們完全能夠進行必要的批評的、歷史的透視，但巴爾札克本人是否準確地知道這些，便不由得令人懷疑了。

現今並非所有的人都能從事件、人物和情勢的深處挖出主題，除去思辨和分析的特殊才能，這種開挖同時還要求對以前忽視客觀現實的價值和狀況有著精神的、道德的體驗。

作家的思想乃是處於敘述表層之下的各種主題的總和，它們猶如長期埋藏於地下的雕塑的碎片，被挖掘出來，獲得整合。

這樣，長篇小說便向我們展示了它的兩副面孔，一方面似乎是暗示了某種嚴格的思想意識的敘述範疇，另一方面又似乎是要求某種非常明確的觀念和敘述。這是暗示性的或隱喻性的長篇小說，這種長篇小說看來適合展現我們的現實世界，在這個世界裡，

人不再是衡量一切事物的尺度，而小說表達和闡示群體的情感的必要性，有助於創造包含諒解精神的藝術品。

論述型長篇小說，應當按照思想意識的指向，提供經過整理的生活的可能形象。因此，小說家應當從蘊藏於自身的經驗，而不是蘊藏於文化的、宗教的傳統之中提煉主題；換句話說，應當從正在行進的歷史，而不是已經實現的歷史之中，去提煉自己的思想意識。如卡夫卡的作品裡，思想意識最終成為一種暗示和預感，但卡夫卡執著地確信，所有的事物都具有意義，但他無法告訴我們這意義是什麼。卡夫卡的作品，應當承認，展示出眾多的內容，例如對希特勒德國、納粹主義和集中營的預言式的描寫，它是歐洲頹廢主義終極的花朵，人們可以從中汲取傑出的、堪稱範例的方式，但不能延續它的價值，這些全是非歷史的，因為它們都是推測的。儘管如此，卡夫卡的作品有著意味深長的價值，它們揭示了自然主義模式的衰竭，提出了對一種足以支撐和引導敘述的思想意識的要求。

十九世紀自然主義小說，就其本性而言，本應當走到擺脫情節和人物這一步，這兩者在科學地展現客觀現實時是多餘的，時常前後矛盾。對環境和社會限定性因素的研究一旦占據主導的地位，並使人淪落為「社會檔案」，把一切都變得預先構思的、假定性的和眾所周知的，那麼，情節和人物就成為很難存在的東西了。

不過，實際上存在著兩種類型的情節和人物。一種類型的情節和人物是訴諸於「社會檔案」和預先設計的套式；而另一種類

型的情節和人物則相反，是各種主題和它們之間戲劇性的交織表現。偵探小說向我們提供了前一種類型的範例。而在另外一種類型中，小說家善於透過事件和情勢的表層去開挖各種主題，情節在辯證的衝突中得以展示；而人物則在心理和運動中獲得條分縷析的表現。

在這裡必經強調指出隱喻小說同宣傳小說之間的區別。我們已經闡明，主題蘊藏於事件與情勢的表層之下的深處，多少有些像石油蘊藏於地表之下的地質層。宣傳小說利用思想意識，但這思想意識不是從個性的感覺的真實的、富於詩意的地層汲取來的，而是從他所生活的社會一成不變地借用來的。隱喻小說家猶如一個園藝師，他在自己的園子裡種下貨真價實的、根莖俱全的植物，而宣傳小說家則裝模作樣，他在園子裡種下沒有根莖，第二天便枯萎死去的植物。宣傳迫使小說家去製作無法使人萌發任何情感上的共鳴的情節與人物，是功利性的考慮派生出這些情節與人物，同時又起了維護宣傳的作用，而從小說家方面來說，也是出於功利性的考慮而接受這種宣傳的。

總而言之，不管什麼樣的宣傳小說，都是同隱喻小說截然對立的——對於後者而言，情形則正相反，思想意識是掩蓋在活生生的事件下之事件的本質。

五、新小說與現實

（一）新小說的現實

許多批評家和大部分的讀者都認爲新小說是一整套純形式

的試驗，至多是一種逃避社會現實的嘗試。他們的作品是竭盡心力的產物，旨在抓住我們時代現實中最本質的東西。

　　薩洛特和格里耶這兩作家之所以採用不同於十九世紀小說家的形式，首先是因為他們要描寫和表現的人的現實，不同於十九世紀小說家要描寫和表現的人的現實。薩洛特在發言中證明，長期存在於大部分人意識中的心理習慣、舊的思想結構和範疇如何妨礙人們抓住新的現實，而新的現實是最重要的，即使許多人意識不到，實際上卻在構成人們的日常生活。在她看來，似乎有一種一成不變的人的現實，作家可以像科學家一樣，前仆後繼進行探索，從而一代又一代地把興趣移向新的領域，老問題一旦弄清楚了，今後重要的就是探索新領域了。

　　薩洛特認為，人們對了解人物的心理已經沒有多大的興趣，因此後來的作家，如喬伊斯、普魯斯特、卡夫卡，不得不轉向比較微妙、較難捉摸的現實，從而開闢了一條今天的小說家應努力走下去的道路。

　　格里耶對這一點看得比較清楚。在人的範疇裡，沒有一成不變的現實，問題只是通過一代一代的藝術家和作家以高度的敏感探索現實。人的現實的本質是生機勃勃的，是隨著歷史變化的。再說，這種變化，自然是程度不等的，是所有人的成果。如果說其中有作家的一份功勞，那麼這份功勞也不是唯一的，更不是決定性的。

　　雖然描述人物的經歷和心理而不落趣聞逸事和社會新聞的窠臼，變得越來越困難，但這不僅僅是因為巴爾札克、司湯達爾

或福樓拜已經描述過，而是因爲我們生活在與他們不同的社會裡，在這個社會裡，個人及其傳記和心理已經失去了真正重要的意義，已降低到趣聞逸事和社會新聞的水平。正如格里耶所說，如果新小説以不同的方式描寫了忌妒者同他妻子、妻子的情人和他們周圍事物的關係，那並不是因爲作者不惜一切代價尋求與眾不同的形式，而是因爲所有這些成份組成的結構本身的性質改變了。在這整個結構裡，以及在現代社會的所有主要結構裡，人的感情現在表現的是物在其中獲得穩定性和自主性，而人在其中逐步失去穩定性和自主性的關係。實際上，社會變化需要新的小説形式。

接著可以談談在新小説中，薩洛特和格里耶這兩作家不同的看法，以便進一步了解新小説派的創作觀點。

（二）代表人物：薩洛特和格里耶

薩洛特是一位我們稱之爲以人物解體爲特徵的時代小説家。她對社會的整體結構不太感興趣，她到處尋求真實的人性，直接的經驗。格里耶也尋求人性，但將其作爲外在的表現，作爲納入整體結構的現實。

薩洛特在尋求直接經驗時發現，這經驗不再是外在的表現，所有外在的表現幾乎無例外地都是不真實的，扭曲的，變了形的。所以，在人物極端解體的情況面前，她把自己作品的世界只局限於她還能找到她認爲是基本現實的領域，只局限於情感和得到任何表達之前的人的經驗，只局限於她所謂的向性，潛在對話，潛在創作。

　　薩洛特主要對心理和人際關係感興趣。她沒有被物化的假象所迷惑,她對一切外在的表現只給予很少的關注,不記錄物在社會生活中的新地位。

　　相反的,集中描寫社會生活外部表現的格里耶,不記錄關係中的基本人性和心理特徵,而關心事物的日益增長的自主性和物化的出發點。

　　格里耶認為,人物的消失對他來說已是既成的事實,但他看到人物已經被另一個自主的現實——被物化了的世界——取代了。由於他探索人的現實,他發現人的現實已不能再作為自發的、直接體驗到的現實,只有當人的現實表現在物的結構和屬性裡的時候才能被找到。格里耶的作品之所以如此,也許並不是由於他想要在作品中寫什麼,而是他實際寫了什麼。

　　按照格里耶的看法,這個世界是由獨立於人之外的事物構成的,而現代人是處在物質世界的包圍中,人只能通過視覺看到它的外表,不應憑主觀賦予它任何意義,因此他主張小說要把人與物區分開來,要著重物質世界的描寫。他認為小說的主要任務不在塑造人物形象,更不在表達作者的思想感情、政治立場、道德觀念等,而是在寫出「一個更實在的、更直觀的世界」。薩洛特則是認為作家要能夠透過人的日常活動和平凡的言語,揭露潛意識的內心活動,探索那「潛在的真實」。

　　雖然薩洛特和格里耶對小說的主要任務意見不一,但他們都一致認為塑造人物不是小說創作的目標。

肆、小說理論宣言

　　與小說理論宣言相關的篇章有：（一）〈美洲的神奇現實〉為古巴作家阿萊霍‧卡彭鐵爾著，全面闡述了他的魔幻現實主義思想，具有宣言的性質。（二）〈內省的小說〉是英國批評家約翰‧弗萊徹的論述，文中談及現代小說如何要求讀者參與作品，把藝術手段和模式視為作品的核心，超越內容而進入它的形式。（三）〈未來小說的道路〉是「新小說派」的宣言，為法國作家阿‧羅伯─格里耶所作，文中旨在提出產生新文學的可能和必要。（四）〈現代主義小說的語言：隱喻和轉喻〉是英國小說家戴維‧洛奇的分析，文中指出現代小說的主要特徵是實驗性和意識的描寫，涉及潛意識和無意識的運動。他借用羅曼‧雅各布森的語言學理論，闡述隱喻和轉喻的性質，及其在現代主義小說中的運用。（五）〈第一次超現實主義宣言〉為法國作家，超現實金義創始人安德烈‧布勒東的論述。他於一九二四年發表此篇文章，強調藝術的絕對自由，提倡高舉想像的大旗，對現實主義傳統表示了極大的蔑視。布勒東在這篇宣言裡還以自己的創作體驗為例，闡釋了「無意識創作」的方法，並冠以「超現實主義魔術的秘密」。作為一種文藝思潮，超現實主義對二十世紀西方的小說、詩歌、戲劇方面的革新，有著不可磨滅的作用。

一、想像力與神奇縱橫的魔幻現實

卡彭鐵爾文中敘述了美洲的神奇現實，認為神奇現實是整個美洲的特性，他雖然只簡略地談及神奇現實，但仍可歸納其要點如下：

（一）與現實完全相反的規範：烏納穆諾說過，死背法則是缺乏想像力的表現。如今居然出現了幻想的法則，這種法則基於《瑪爾佗蘿之歌》中所倡導的無花果吞驢子這樣與現實完全相反的規範。（p357）

（二）是現實突變的產物：神奇是現實突變的產物（即奇跡），是對現實的特殊表現，是對現實的豐富性進行非凡和別具匠心的揭示，是對現實之狀態和規模的誇大。（p358）

（三）需要信仰的神奇：這種現實的產生首先需要的是一種信仰。無神論者不可能用神創造的奇跡來治病，缺乏信仰的神奇不外是一種文學技倆，久而久之，就像我們熟悉的某些「精心修飾」的夢囈文學或幾近癲狂的讚美詩一樣令人膩煩。（p358~359）

二、要求讀者參與作品的現代小說

小說作為一種具有無與倫比的多樣化的廣度和深度的文學類型，在十九世紀已確立了自己的地位。浪漫主義、現實主義和自然主義等思潮都在這一文學形式上留下了痕跡，並使它形成了如今被視為當然的熟悉輪廓。因而本世紀初，當這一深奧微妙的文學媒介似乎已無疆界可開發時，它便轉入了內省。在某些重要的作家筆下，小說中自我剖析的描寫手法顯著增加，對於結構和

構思策略的著迷也在增長，小說驟然變得更「詩意化」，因爲它變得更爲關注文本與形式的精確，對於散文作爲大衆文體的鬆散性越來越感到不安。這一切都導致了寫作技巧的徹底革命，和對於形式的高度重視，其後果至今仍在這兩方面對我們產生影響。

一方面是在寫小說時，刻意追求形式的完美，語言靈活和構思巧妙，而不依賴於連接性和模仿；另一方面是暴露內在的晦澀和屬於同一現象的藝術危機，這與一個藝術和歷史的根本問題有關，即如何通過詞語的有效排列來理解現實本身，並使得這一小說的傳統素材顯得更爲可信。這種關注如今表現在納博科夫、約翰·巴思、穆里爾·斯帕克、艾麗絲·默多克、博爾赫斯和岡特·格拉斯等人的「新小說」作品之中。

當代的小說變體多不勝舉，但小說的這種複雜性和佯謬感顯然植根於早期現代主義作家的小說結構和審美關注之中。所謂「敘述的內省」這種現代主義現象，需要跟在整個小說史中爲人熟知、並具有類似性質的自覺敘述程式加以仔細區別。小說總是在它的現實主義傾向，經驗主義細節，事實本質的幻象，以及現實主義幻象所涉及的形式和發展要素之間，進行著複雜的調和。這種自我意識在十七和十八世紀小說中是屢見不鮮的，並在《特利斯川·項狄》中達到了頂點，這部小說嘲弄了現已略微降格的小說中大多數尚存的傳統手法，並在最大限度上利用了小說的敘述傳統。儘管這類作品極大地影響了小說的形式和形態，但它的主要效果卻是把人們的注意力引向敘述者本身，而且以宣稱要（並經常實施）主宰讀者的敘述口吻，迫使後者就範，預測並經常挫敗讀者

的期望，以達到喜劇性效果。

現代主義小說技巧中包含了作者的這種藝術趣味，但它還包含著許多其他東西。如果說把注意力引向小說無可挽回的虛構性質這一傾向，早已存在於形式之中，並已在有關的美學爭論中發揮影響，那麼它畢竟還沒有達到下列程度：即爲了針對這種虛構發展相應的寫作手法，以及對藝術家正在自發創作的那種藝術性質進行無窮的冥思，也許會押上作家的整個寫作生涯。在現代主義思潮中，人們發現這種現象正在形成表現的內在危機，並且還造成了對於形式的偏愛，它通過轉向形式本身展示了小說的創作過程，並把達到敘述本身的手段加以戲劇化。換言之，儘管具有某種類似的意圖，早先大部分小說手法是把注意力引向敘述者的自主性，而後來的小說技巧則把注意力引向了小說結構本身的自主性。前一種自覺敘述通常具有引起幽默感的功能，而後一種自覺敘述則往往具有在前一世紀不能爲人理解的一種嚴肅的「文學性」。

現代小說家把藝術手段和模式視爲作品的核心，要求讀者參與作品，所以它們使小說的現實主義作用受到局限，並迫使我們把小說這個特定秩序和結構作爲一個整體來理解。現代主義小說的主題之一其實就是小說藝述本身：通過迫使讀者超越小說轉述的內容而進入它的形式，這個主題已經使現代主義小說具有一種占支配地位的象徵性質。

現代小說中的這些發展當然可以追溯到福樓拜，但它們尤其歸屬於上世紀末的小說脫離現實主義的轉折時期，最有用的起點

是亨利·詹姆斯。詹姆斯從他早期小說中跟讀者的反諷同謀關係轉向了後期小說中跟筆下人物的機敏默契關係,這一轉變引人注目地使他對能動形式的可能性作出了強烈的反應。譬如,在《奉使記》(一九〇三)這部小說中,我們看到他在對話中巧妙地從一個人物跳躍到另一個人物,交替地點明了作為弦外之音的奧秘。作者儘管置身幕後,但卻並未銷聲匿跡,他在向我們提供珍貴信息的同時也撩人地暗示了那些他並不想提及的東西。

《在未成熟的少年時代》(一八九九)的序言中,詹姆斯寫道:我們完全被情節內部錯綜複雜的關係包圍,情節中的任何一部份都只跟另外一部份有關,當然整個情節與生活的聯係除外。與其說人物屬於一個被模仿的世界,毋寧說是屬於一個過程,而人物似乎參與了創造他們自己的行動。他們是情節技巧的一部份,而且在許多現代小說中他們似乎堅持反對作者具有更大的自由,刻畫更深刻的心理活動,或描寫那種能自由返回的往昔和超越未來的生活(如維吉尼亞·吳爾芙的某些小說)等權利。同樣的技巧實際上可以用來使人物從屬於小說的構思和模式。形式不僅是駕馭內容的實際手段,而且在某種意義上,它本身就是內容,經驗產生形式,形式也產生經驗,而正是在形式整體和人類偶然性這兩種要求的微妙交錯之中,我們發現了現代主義小說的主要審美觀和描寫手法。

馬克·肖勒曾經說過,在詹姆斯和康拉德之後,現代主義小說家的長處在於「不僅對寫作手法寄以極大的關注,而且在對這一手法寄以最大關注時發現它也是一種新的題材,而且是更重要

的題材。」結果形成了一種被他有力地表達爲「技巧即發現」的作品——技巧就是「任何選擇，結構或歪曲，以及加強於人類活動的形式和節奏」，通過它我們對人類活動的理解得以豐富和更新。如今我們學會了在這類作品中追尋某種隱蔽而長遠的邏輯性，某種深藏不露的人物形象，而且還學會了一種新的批評語匯，即關於「觀點」、「模式」、「構思」和「象徵」的詩學。創作過程不僅變成了故事中意義邏輯的一部份，而且實際上能夠變成故事本身。結果小說似乎越來越接近於它作爲詞語構成物的性質，形式不單是駕馭內容的有效手段，並在某種根本意義上就是內容。有時我們感到內省的技巧使我們更加接近於生活，有時我們則覺得它更加接近於時機的藝術，接近於技巧本身的優雅慰藉。當代詩歌中尋求一種象徵主義整體性的欲望也主宰了一大批現代小說，超越偶然細節和雜亂現實的世界獲得了維吉尼亞‧吳爾芙在小說中尋求的那種光輝。其結果之一就是長期與小說相聯繫的寫實主義逐漸消失，語言不再是我們觀察的手段，而變成了觀察的對象。小說正徘徊於模仿文學和本體文學之間，徘徊於模仿外在事物的藝術和具有內在邏輯創作的藝術之間。

這種小說藝術的可能性構成了馬塞爾‧普魯斯特的多卷本小說《追憶逝水年華》（一九一三～一九二七）的主要美學題材。《追憶逝水年華》既是一幅藝術家的畫像，又是一種對肖像藝術美學的發現，它顯然是一種現代主義的美學。爲藝術家畫像是現代主義小說中一個常見的主題，是美學形式的自我意識通過現代主義經典作品得以發展的手段之一。

喬伊斯的三部主要作品——《青年藝術家的肖像》（一九一六）、《尤利西斯》（一九二二）、《為芬尼根守靈》（一九三九）——中的每一部都內含著對前一部作品的重新確定，都構成了他執著的美學追求的一部份。在這些作品中有一個連續不斷的主題，但其形式發展卻是不連貫的，《肖像》的虛構自白與《守靈》的滑稽史詩在結構上很少有共同之處，但它們都是三聯形式中的一部分。《肖像》是象徵主義現代派藝術家斯蒂芬‧代達羅斯的「教育小說」，它描述了對於一種藝術變形的追求，這種藝術變形既是作為抱有同感的自傳，又是作為好幾種框架模式中內在的形態對象。代達羅斯在形式世界中所受的牽制延續到了《尤利西斯》，在這部小說中他處於次要的地位，直到他逐漸消失在《為芬尼根守靈》這個非人格和有隔閡的世界之中，該世界由它獨自的語言聯接在一起。在《肖像》中，喬伊斯通過區分審美等級預示了這種發展趨向，藝術從抒情向敘述和戲劇性發展，最後達到作者淡漠的境界，成為連貫和自立的象徵。在這同一過程中藝術失去了自我特徵，不僅變成了一種強化的創作，而且變成了一種神話。《尤利西斯》為這樣的神話尋找一種形式，一種現代形式，其結果就產生了一部典型的現代主義小說。

在考慮到十九世紀末小說中出現新的內省，並造成小說形式的根本變化時，我們也許會看到這一發展中有兩種多少有點相對的衝動。一種是把小說從早先的局限（平淡而外在的寫實主義，對物質世界的依賴，以及散文的零碎鬆散）中解放出來的欲望，以便能更自由和認真地探討生活事實和現代意識。這就是維吉尼

亞・吳爾芙在一篇著名的散文中所表達的欲望：「假如作家是自由人而不是奴隸，假如他能寫他喜歡寫的而不是必須寫的東西，假如他的作品能夠基於自己的感情而不是傳統手法，那麼就不會有情節，喜劇，悲劇，不會有常規風格的愛情描寫和悲慘結局。小說家的任務難道不是在盡少摻入異己和外在因素的情況下表達這種變異，這種陌生和無限制的精神，無論它顯得多麼失常和複雜嗎？」（維吉尼亞・吳爾夫〈現代小說〉《論文集》倫敦，一九六六，第一卷，第 106 頁。）

　　這當然是一種把小說置於人類意識流之中的請求，而維吉尼亞・吳爾夫受佩特的影響甚深，相信意識本身就是一種美學，一種我們大家（尤其是女人）都生活在其中的詩作主觀幻象，一種高度幻想的絕對狀態，一種與藝術家狀況類似的意識。就這樣現代小說成了微妙意識的小說，它脫離了擺事實、講故事的傳統手法，它虛化了物質世界，並不特別強調其地位，它超越了現實主義的庸俗局限和簡單化，以便能符合更高級的現實主義。現代小說是一種更為自由的小說，而它的自由不僅更具有詩意，而且也更忠實於生活的感受。

　　現代小說逃離物質的寫實主義，並不是為了表達意識或更深刻地感受生活，而是為了探索現實的貧乏和藝術的力量，以及位於素材和創作目標之間的敘事視角和形式力量。在《藝術的非人性化》一書中，奧特加・y・加塞特評論說：現代小說脫離現實主義及對於人性的表現，結果往往會把藝術變成一種遊戲或逗人的欺騙。情況確實如此，現代小說向其藝術實現的奮進——它強調

形式技巧的力量，強調對藝術家意識的戲劇性，作品的音樂性，以及對主題和空間審美塊面的處理，後者從內部把小說縫合在一起，它並不求助於讀者的歷史感，而是有類於他的審美和諧感——這些也都是對藝術質疑的一部分，是對藝術和現實之間存在分歧的感受。當今現實的短暫性和間斷性，人物性格的消散性，以及時間的不規則順序，所有這些意識都侵入了現代主義小說。

　　一旦藝術家成功地使讀者變成「他作品誕生的旁觀者」（馬克斯・恩斯特語），那麼讀者所分享的就不僅是創造激情的力量和潛在的超驗性，而且還有它似非而是的虛構。對於讀者來說，小說變成了一種創造，即福斯特所謂「某種具有簡潔美感的作品」，但創造本身就是虛構，就是置於現實之上的模式，就是神聖的介入和干預。它是鍛造，但也是偽造，它具有現實中可見規則的特徵，但它也發現了自己的，即藝術的規則。

　　現代小說的最激烈辯論——一方認為藝術創造了生活，另一方則主張藝術本身就是生活；一方力主藝術訴諸它自己的內部世界，另一方則認為藝術訴諸物質世界的現實和特徵、社會秩序，以及我們所熟悉的「人物」和「時間」等概念；一方認為藝術具有長遠或複雜的視角，另一方則鼓吹「把個別人物置於一個敘述視角之下的中間距離」的文學——我們至今仍對這些問題爭論不休。這種對話不僅存在於現代主義小說家及其對立面（例如在詹姆斯和威爾斯）之間，而且也存在於現代主義小說的內部，實際上它就是我們所探索的內省的一部分。現代主義小說反復探討了「某種具有簡潔美感的作品」與人類生活的混亂之間，詩歌與歷

史之間，以及變形象徵與它在不規則時間內所處位置之間的距
離，它在美學創作的勃勃生機與歷史或偶然性的補償要求之間，
以及在永恒的技巧與確信這種技巧只不過是一個慰藉的虛構之間
都保持了均衡。從那時以來的現代小說，一直在玩弄著這些悖論
（弔詭）。

　　虛構與真實之間的關係至今仍是圍繞小說及小說內部的一
個有爭議的問題。因而我們仍能在現代主義經典作品中看到審美
內省小說所能具有的充分力量，在這裡，我們可以看到它在創作
時所承受的強大感應力和壓力，以及它可能追求的象徵性蘊義。
如此關注自身美學的藝術形式，當然只能是成熟植株上生出的一
枝奇葩。強調內部形成顯然會有頹廢的危險，就如會有迴避歷史
的力量和壓力的危險。但是我們所論及的這些作家身上，結構的
內向並不局限於自我陶醉的藝術冥思。形式的慰藉來之不易，它
經歷了不斷的，並往往是顯露和懸而未決的鬥爭。結果這類小說
中的最佳作品達到了具有清明批判眼光的自我意識，而且是一種
極其豐富和新穎的藝術。

三、改變文學語言的未來小說道路

　　羅伯——格里耶認為面對小說藝術正在衰亡的現今，新形式
必然產生，以取代一切舊有形式，因此關於未來小說道路的走向，
他提出了幾點看法，茲整理如下：

　　（一）以直觀的世界代替心理的世界：我們必須製造出一個
更實體、更直觀的世界，以代替現有的這種充滿心理、社會和功

能意義的世界。讓物件和姿態首先以它們的存在去發生作用，讓它們的存在駕臨於企圖把它們歸入任何體系的理論闡述之上，不管是傷感的、社會學、弗洛伊德主義，還是形而上學的體系。在小說這個未來世界裡，姿態和物件將在那裡，而後才能成為「某某東西」。此後他們還是在那裡，堅硬、不可變、永遠存在，嘲笑自己的意義，這些意義妄圖把它們的作用降為一個無形過去和一個不定未來之間的輕脆工具。物件將不再僅僅是主人公模糊靈魂的模糊反映，他的痛苦的形象、他的欲望的支點，或者說，如果物件必須接受這種強加於它的規定性，那也只是在表面上。（p521~522）

（二）**不賦予小說中人物多種意義**：小說中的人物，他們本身可能富有多種意義，他們可以按照作家的側重而引起各種不同的解釋，心理學的、宗教的或者政治的，然而他們對於這些所謂豐富性的冷漠態度是顯而易見的，傳統小說的人物總是被作家強加於他們的「解釋」所不斷激動、困惑和毀滅，不斷地被投入一個非物質的、不穩定的「彼處」──遙遠而模糊。相反的，未來小說的主人公將只是在「那裡」，而那些解釋將流落「彼地」，在主人公無可否認的存在面前，它們將顯得無用、多餘，甚至不真實。（p522）

（三）**拋棄關於深度的古老神話**：事實上，今天有一種新的因素徹底把我們和巴爾扎克、紀德、拉‧法耶特夫人區別開來，那就是拋棄關於「深度」的古老神話。作家的傳統作用在於開發自然，一層一層地挖掘下去，到達更隱蔽的底層，而終於把一

種令人不安的秘密公諸於世，他們深入人類激情的深淵，向彷彿是平靜的世界發出勝利的消息，描寫他親手觸摸到的秘密。於是，讀者感到一陣神聖的眩暈，然而這非但不使他痛苦或反胃，反而肯定了他對於世界的統治力量。在這種條件下，文學現象首先就包含在這一個字眼裡，這是毫不足為怪的，這個無所不包的、獨一無二的字眼，它企圖把物件的內在品質、隱蔽的靈性集中於自身；深度像是一個羅網，作家用以捕獲宇宙把它交給社會。現在，我們不僅不把世界當成自己的東西、當作按照我們的需要設計的、容易馴服的私有財產，而且，我們根本不相信它的「深度」。（p522~523）

（四）**運用表明視覺的和描寫性的詞**：整個文學語言不得不改變，並且正在改變。我們每天目睹有見識的人越來越厭惡那些內含的、比喻的和魔術般的詞彙。與此同時，表明視覺的和描寫性的詞——限於度量、定位、限制、形容——為未來的小說藝術指出了一條可行的道路。（p523）

四、隱喻和轉喻的現代主義小說語言

戴維‧洛奇認為現代小說顯示了某些特徵。首先，它的形式是實驗性的，或創新的，明顯地背離現存的文學和非文學敘述模式。其次，它主要描寫意識，涉及人類心靈的潛意識和無意識活動。因此傳統詩學中對敘述至關重要的外部「客觀」事件結構，其視野和規模均已縮小，或只是有選擇地得以迂迴表現，以便為內省、分析、反思和遐想留出空間。所以，現代小說經常沒有「開

頭」，因為它把 我們投入連綿不斷的經驗中，我們須經過一系列推理和聯想才能逐漸使自己適應它，熟悉它，小說結尾通常是「開放性」或含混的，讓讀者自己去揣測人物的最終命運。

　　作為對敘述結構和統一性被削弱的補償，其他審美規則模式便變得重要起來──如對文學典型的引喻和模仿，或主題、意象和象徵的變異重複，經常被稱作「節奏」、「主旋律」或「空間形式」的技巧。最後，現代小說避免對素材按年代順序直截了當地進行，以及避免運用一個可靠、全知和愛管閒事的敘述者。它要麼運用單一而有限的敘事觀點，而且它傾向於一種複雜或流動的時間處理。

　　雅各布森的經典論文《語言的兩個方面和失語症兩種類型》一開始就斷言，語言就像其他符號系統那樣具有雙重性。說話（和寫作）涉及兩種作用，「對某些語言單位進行選擇和把它們組合成更為複雜的語言單位。」選擇暗示了置換的可能性，以及對相似性的感受，因而是產生隱喻的媒介。轉喻（即舉出事物的屬性、修飾語、原因或後果來意指事物本身的修辭手段）及其緊密相關的提喻（部分代表全體或全部代表部分）等修辭手段則屬於語言的組合軸，因為它們靠運用在語言和現實中相連接的詞語來起作用。

　　下面是一個簡單的例子：「在上百條龍骨耕耘著海浪」這個句子中，「龍骨」是提喻，意指「船」，這個詞源於船與龍骨的連接性，而「耕耘」則是隱喻，來自船行與耕耘之間一種相似性。

　　在任何文體的發展中，一個主題轉向另一個主題都是通過相

似性，或相連性，雅各布森基於這一點，把廣泛的藝術和文化現象分成「隱喻性的」或「轉喻性的」兩大類別。英雄史詩傾向於轉喻，俄國抒情歌曲則傾向於隱喻。戲劇基本上是隱喻性的，而電影基本上是轉喻性的——但在電影藝術特寫鏡頭卻是提喻性的。在繪畫中，立體主義是轉喻性的，超現實主義是隱喻性的。雅各布森最有意思的論點是「本質上由連接性所促成的」散文往往傾向轉喻——而有格律押韻和強調相似性的詩歌則偏向於隱喻。

　　現代小說被普遍認為具有象徵主義偏見，以及反對傳統的寫實主義。統計分析無疑會顯示出詹姆斯、康拉德、福斯特和福特等人作品中使用隱喻的頻率要高於威爾斯、高爾斯華綏、貝內特、吉辛等人的作品。小說名稱本身就可以說明：愛德華七世時代的寫實主義者，就像他們前面的維多利亞時代作家那樣，傾向於用地名和人名來作為小說題目（《基普斯》、《新格魯勃街》、《五個城鎮的安娜》），而現代主義作家則喜歡用隱喻性或半隱喻性的書名（《黑暗之心》、《尤利西斯》、《為芬尼根守靈》）。喬伊斯的《為芬尼根守靈》似乎完全符合這一理論，書中每個事件都是人類歷史上幾個其他事件的重演或徵兆，而從文字上看，書中運用了基於雙關語的綜合語言，雙關語就是隱喻的一種形式。但《為芬尼根守靈》是現代小說的一個極端，它確實暗示由於小說本來就是轉喻性的形式，如果強行將它完全轉變成隱喻性的形式，就會造成它作為小說的消亡。

　　現代主義小說雖然看來真正屬於雅各布森分類表中的隱喻

模式，但這同對轉喻性作品的廣泛保留和利用毫不矛盾。這樣說有兩個理由：第一，散文小說本來就是轉喻性的，一旦移置於隱喻級，就不免會變成詩歌；第二，轉喻性的技巧可用於支持隱喻性作品的目的。杰勒德‧杰內蒂在論述馬塞爾‧普魯斯特的一篇很有見地的論文中也得出大致相同的結論：「普魯斯特說，沒有隱喻就根本沒有真正的記憶，我們為他和所有的人再補上一句，沒有轉喻，就沒有記憶的聯繫，沒有故事，沒有小說。」

　　綜合上述的觀點，故最後戴維‧洛奇歸納道：「這也許是現代小說的核心主張——任何事物都不會單純如一，正是這個主張使隱喻變成了自然的表現手法。」

五、純粹精神無意識活動的超現實主義

　　什麼是超現實主義？

　　布勒東認為有必要一勞永逸地給「超現實主義」這名詞下一個定義：

　　　　「超現實主義，名詞。純粹精神的無意識活動。人們用口頭、書面或其他方式藉以表達思想的真實過程。在不受理性的任何控制，又沒有任何美學或道德的成見時，思想的自由活動。」

　　　　超現實主義認為，過去被忽視的某些聯想形式具有很大的真實性，相信夢幻無所不能，相信思想活動能不帶偏見。超現實主義最終要廢除一切其他的心理機械論，取而代之，以解決生活中的主要問題。

　　〈超現實主義宣言〉中還包含若干實際的創作方法，名為「神秘的超現實主義藝術的秘密」，例如以下所述：

　　「超現實主義寫作法或曰初稿與定稿。」

　　「在思想最易集中的地方坐定後，叫人把文具拿來。儘量使自己的心情處於被動、接納的狀態。不去想自己的天資和才華，也不去想別人的天資和才華。一遍又一遍地對自己說，文學確是一條通向四面八方最不足取的道路。事先不去選擇任何主題，提起筆來疾書，速度之快應使自己無暇細想也無暇重看寫下來的文字。開頭第一句會自動躍到紙上；不言而喻會這樣，因為下意識的思想活動所產生的句子無時無刻不在力圖表達出來。……。」[5]

將無意識活動運用到創作上，顯然是布勒東超現實主義的主張，然而純粹精神的無意識活動和下意識的思想活動，二者是截然不同的，若說是無意識，那麼下意識的思想、書寫活動，當然就近乎有意識的作為了，又怎麼能說是無意識呢？

根據布勒東在〈第一次超現實主義宣言〉中的說法是：

　　超現實主義的書面文章，或曰初稿，亦即定稿。找一個盡可能有利於集中注意力的靜僻處所，然後把寫作所需要的東西弄來。盡你自己之所能，進入被動的、或曰接受性的狀態。忘掉你的天才、才幹又及所有其他人的才幹。牢記文學是最可悲的蹊徑之一，它所通往的處所無奇不有。落筆要迅

---

5 伍蠡甫、林驤華編著《現代西方文論選》臺北市：書林出版公司，1999 年 10 月，p174。

疾而不必有先入為主的題材，要迅疾到記不住前文的程度，
並使你自己不致產生重讀前文的念頭。第一個句子會自動地
到來，這是千真萬確的，以致於每秒鐘都會有一個迥然不同
於我們有意識的思想的句子，它唯一的要求便是脫穎而出。
很難預斷下一個句子將會如何，它似乎既從屬於我們有意識
的活動，也從屬於無意識的活動，如果我們承認寫下第一句
所產生的感受只達到了最低的限度。何況這也無甚緊要，超
現實主義試驗的意義，大抵也就在於此。還有一點，就是標
點符號似乎有很礙於這股熱流酣暢地奔瀉，儘管那是必要
的，就像是要在一根顫動不已的繩子上打結一樣，只要你願
意，就一直往下寫。請相信：細聲柔語是綿綿不斷、不可窮
竭的。你一不小心，就有可能產生沈默的間歇，果如此，則
應當機立斷，中止那過於鮮明的句子。如果寫出了一個你覺
得來源不甚清楚的字，那麼就隨便加上一個字母，以它作為
下一個字的頭一個字母，這樣你就恢復了隨心所欲的狀態。
（p124）

由他的說法中，約莫可以歸納出超現實主義的創作觀：

（一）不受外界人事物干擾及自身才氣的影響。

（二）下筆迅疾而不存有先入為主的題材。

（三）上下句子不相關連亦無妨害。

（四）隨心所欲的創作態度。

如此特殊的創作觀，使讀者在閱讀超現實主義作品時，有種
場景上下不連貫，或是意象受到切斷之感，但倘若讀者閱讀時也

能如作者創作時那般隨心所欲，大概也就無妨了。

伍、小說的藝術

與小說藝術相關的篇章有：（一）〈洞察世界的藝術〉是原蘇聯俄羅斯作家康士坦丁·帕烏斯托夫斯基的文章。作者以切身體會強調，只有富於激情和修養、熱愛人們和土地、善於觀察並樂此不倦、在結構和語言方面精益求精，才能寫出優秀的小說作品來。（二）〈小說的藝術〉為英國小說家戴維·洛奇的論述，文中分三篇，第一篇講小說的開局，第二篇講書名，第三篇講動機，對小說的創作和閱讀都有參考的價值。（三）〈關於藝術和現實〉是瑞士作家弗里德里希·迪倫馬特的言論。以五十四條格言（按：原書作五十五條，但經筆者整理後，發現僅有五十四條。）的方式反映了迪倫馬特的藝術思想、審美觀，以及他對文藝功能、藝術和政治等問題的見解。（四）〈小說〉為法國當代作家于連·格拉克的論述。在這篇文章裡，他對小說的主題、速度、人物的塑造、時間的隨意性等都提出了自己的看法，並指出小說家要有敏銳的感受和準確的把握能力。

一、洞悉周圍的事物

我們往往在看完一個短篇小說或者中篇小說，甚至長篇小說後，除了一堆混雜在一起的單調乏味的人物之外，什麼印象都沒

有留下來。你竭力想看清楚這都是些什麼人，可是卻看不清楚，因爲作者沒有賦予他們生動的特徵。

這類短篇小說、中篇小說和長篇小說的情節是在某種沒有光和色的凝凍的日子中發生的，因此他無以告訴讀者這些事物究竟什麼模樣。

這類小說儘管寫的是當代題材，然而卻是平庸之作，作者寫小說時的那種勁頭，往往只不過是虛火而已。除了虛火上升，他在寫作時並沒有感受到歡樂。

所以會出現這種可悲的局面，不只是因爲這類小說的作者缺乏激情，缺乏文化修養，而且還因爲他們的眼睛如同魚目一般遲鈍。

爲了能洞燭一切，不僅需要睜開眼去看周圍的事物，而且還必須學會怎樣才能看見。只有熱愛的人們，熱愛大地的人，才能清楚的看見人們和大地。一篇小說如果寫得蒼白無色，像件破褂子，那是作家冷寫所造成的惡果，是他麻木不仁的可怕徵狀。但有的時候，也可能是因爲作者水平差，缺乏文化修養。如果是後者，那就像常言說的，尚可救藥。

我還是個青年作家時，一位我認識的畫家對我說：「您，我的親愛的，看東西不怎麼清晰。有點兒模模糊糊，而且浮光掠影。根據您那些短篇小說可以判斷，您只看見了原色和浮面上的強烈色彩。至於色彩的明暗層次，以及間色、再間色等等，在你的眼裡看出去，都混合成某種千篇一律的東西了。要像常言說的，一絲不苟，看每一樣東西時，都必須抱定這樣的宗旨：我非得用顏

料把它畫出來不可，您不妨試這麼一兩個月。坐電車也罷，坐公共汽車也罷，不管在哪裡，都用這樣的眼光看人。這樣，只消兩三天後，您就會相信，在此之前，您在人們臉上看到的，連現在的十分之一還不到。兩個月後，您就可學會怎麼看了，而且習慣成自然，無須再勉強自己了。」

我照這個畫家的話做了，果然，人也好，東西也好，都比我以前浮光掠影地去看他們時要有趣得多。這就是畫家給我上的第一課。第二課是比較直觀的教學。

二、和諧對稱的架構

自然界中的光和色單靠觀察是不夠的，而應當全力以赴地加以研究，並樂此不倦。對於藝術來說，只有那種在心中占有牢固地位的素材才是有用的。

對於散文作家來說，繪畫之所以重要，並不僅僅在於繪畫可以幫助前者看到並且愛上光和色，還在於畫家往往能看見我們視而不見的東西。我們總是要等到他們畫了出來，才會開始看見他們所畫的東西，並且大為詫異，自己過去怎麼沒有看見。

當我們在觀賞美的時候，心頭會產生一種騷動感，這種騷動感乃是渴求淨化自己內心的前奏，彷彿雨、風、繁花似錦的大地、午夜的天空和愛的淚水，把蕩漾一切污垢的清新之氣滲入了我們知恩圖報的心靈，從此永不離去。

在這裡，康‧帕烏斯托夫斯基已經領略到了畫家給予他的啟發，於是當他獨自到列寧格勒時，對於建築美起了極大的反思。

他談道:「這個城市的廣場以及諧和的建築物的那種莊嚴的格局,重又展現在我面前。我久久地望著這些建築物,想洞燭它們在建築術上的奧秘。這奧秘便是:這些建築物事實上並不高大,為什麼會給人以宏偉的印象。建築物的宏偉取決於它的對稱,取決於它的諧和的比例和適可而止的裝飾——窗框上的裝飾面板、花樣裝飾和淺浮雕。仔細觀察這些建築物,你就會懂得高明的審美力首先表現為分寸感。我始終認為局部與局部之間的對稱和樸實無華這兩個規律,與散文有某種關係。一個熱愛古典建築的完美形式的作家,是不會讓自己寫出疊床架屋、結構繁複的散文作品的。他必然力求散文的各個局部之間諧和對稱,使遣詞造句嚴謹樸實。他必然避免過多地使用裝飾物,即所謂的圖案裝飾風格,因為這種風格只可能使散文作品淡而無味。散文作品的結構必須精煉到不能刪去一句,也不能增加一句,否則就會損害作品要敘述的內容以及事件的合乎規律的進程那種地步。 」[6]

三、節奏流暢易懂

在轉而談詩歌對散文的影響之前,先談幾句音樂,何況音樂和詩歌有時是不可分割的。

真正的散文總是有自己的節奏的。

散文的節奏首先要求作者在行文時,每個句子都要寫得流暢好懂,使讀者一目了然。契訶夫在給高爾基的信中就曾談到這一

---

6 按:我國古代文論家亦以為作文要做到「增一字則太多,減一字則太少」的地步。

點：「小說必須在頃刻之間，在一秒鐘之內」，就使讀者了解於胸。

一本書不應當讓讀者讀不下去，弄得他們只好自己來調整文字的律動，調整文字的節奏，使之適應散文中某個段落的性質。

總而言之，作家必須使讀者經常處於一種全神貫注的狀態，亦步亦趨地跟在自己後面。作家不應讓作品中有晦澀的或者無節奏感的句段，免得讀者一看到這裡就不得要領，從而擺脫作者的主宰，逃之夭夭。

牢牢地控制住讀者，使他們全神貫注地閱讀作品，想作者之所想，感作者之所感，這便是作者的任務，也是好散文的功能。

康·帕烏斯托夫斯基認為散文節奏感靠人為的方法是永遠難以達到的。散文的節奏取決於天賦、語感和良好的「作家聽覺」。這種良好的聽覺在某種程度上同音樂聽覺是相通的。

但是最能夠豐富散文作家語言的還是詩學知識。

詩歌有一種驚人的特性。它能使字恢復青春，使之重新具有最初那種白璧無瑕處子般的清新。即使那些「陳詞濫調」的字眼，對我們來說已完全失去了形象性，徒具空殼了，一旦進入詩歌，卻能放出光彩，響起悅耳的聲音，吐出芬芳的氣息！

據康·帕烏斯托夫斯基看，在兩種情況下，字眼可以顯得生氣蓬勃。一是在字眼的語音力量得到恢復的情況下。而要做到這一點在琅琅上口的詩歌中遠比在散文中容易。正因為如此，字眼在詩作和抒情歌曲中，要比平常講話時更能強烈地感染我們。另一種情況是，字眼被置於旋律悅耳的詩行之中。在這種情況下，

即使已經用濫了的字眼，也彷彿充滿了詩歌的旋律，和諧地同其他所有的字眼一起發出鏗鏘的聲音。

此處還有一點，詩歌廣泛使用頭韻。這是詩歌的一個可貴的長處。散文也有權運用頭韻。

最主要的是散文一旦臻於完美，實際上也就是真正的詩歌了。

契訶夫認為萊蒙托夫的《塔曼》（為萊蒙托夫的長篇小說《當代英雄》中的五個中篇之一）和普希金的《上尉的女兒》，證明了散文同豐滿的俄羅斯詩歌之間具有血親關係。

列夫‧托爾斯泰寫道：「我永遠也弄不清散文和詩歌的界限在哪裡。」他在《青年時代的日記》中，以他少有的激烈口吻問道：「為什麼詩歌同散文，幸福與不幸會有這樣千絲萬縷的密切關係？應該把興趣放在什麼上邊呢？是竭力把詩歌與散文融為一體，還是先盡情地享用其中的一個，然後再全神貫注於另一個？理想中有勝於現實的地方，現實中也有勝於理想的地方。唯有把這兩者融為一體，才能獲得完美的幸福。」

這些話雖說是在倉促中寫下的，卻包含著一備正確的思想，即：文學最高、最富魅力的現象，乃是使詩歌與散文有機地融為一體，或者更確切地說，使散文充滿詩魂，充滿那種賦予萬物以生命的詩的漿汁，充滿清澈得無一絲雜質的詩的氣息，充滿能夠俘虜人心的威力。

詩歌的確能夠俘虜人，征服人，用潛移默化的方式，以不可抗拒的力量提高人的情操，使人接近於這樣一種境界，即真正成

為能夠使大地生色的萬物之靈，或者用我們先人天真而又誠摯的說法，成為「受造物之冠」。

最後，康・帕烏斯托夫斯基引了一段話做為結論，他說：弗拉基米爾・奧多耶夫斯基前說過這樣一句話：「詩歌是人類進入不再汲汲於獲取東西，而開始應用已獲取到的東西這種境界的先兆。」他這句話在一定程度上是不無道理的。

四、一氣呵成的開頭、書名與創作動機

（一）開局

戴維・洛奇認為創作一部小說當然不是從寫下第一個字才開始的。大多數作家都會做些準備工作，哪怕只是在頭腦裡準備。許多作家用幾周或幾個月的工夫小心翼翼地為小說打基礎，他們製作圖表，為書中人物編寫簡歷，什麼背景啊，緊張場面呀，笑料等等的，把一本筆記本寫得滿滿的，這些東西在寫作過程中隨時都用得著。

然而，對於讀者來說，小說總是從第一句話開始的（當然，那第一句話也許並不是小說家起初所寫的那一句）。接著是第二句，然後是第三句……。小說的第一句（或第一段、第一頁）是設置在我們居住的世界與小說家想像出來的世界之間的一道門檻。因此，小說的開局應當如俗話所說：「把我們拉進門去。」

于連・格拉克所認為的開頭，則是：

　　說實話，任何書的第一頁所包含的無可挽回的、粗暴或微妙的決定。……一部虛構的作品開端的真正目的，也許就

是創造一些無法彌補的東西，一個固定的拋錨地點，一個經得起推敲，從此再也不會被思想所動搖的論據。（p401）

由此可見一部好的小說，開頭是經過作家縝密細心營造下的產物，扮演著是否使讀者繼續閱讀下去的重要角色。因此，開端，勢必要能如戴維・洛奇所認為的把讀者拉進去，讀者才能繼續進行閱讀，而不致於因興味索然中斷閱讀。在戴維・洛奇的看法裡，他認為「這個任務可不輕」。

讀者還不熟悉作者說話的腔調、用詞範圍和句法習慣。許多新的信息要讀者去吸收，如人物的姓名、他們之間的關係以及有關時間、地點前前後後的詳細情況，缺少這一切，故事就會講不下去。

戴維・洛奇於文中舉了簡・奧斯丁《愛瑪》的開端做為例證：「愛瑪・伍德豪斯清秀，聰明，富裕，家庭舒適，性情快樂，似乎同時有了生活上的幾種最大幸福，已經無憂無慮地在世上過了差不多二十一個年頭了。她是她父親最嬌愛的兩個女兒中最小的一個，由於姐姐出嫁，很早就當了家裡的女主人。母親去世過早，她只模糊地記得她的撫愛，而且母親的地位也早由一個傑出的婦女——家庭教師填補了起來。在感情上，這位女教師也不比母親差。」這個開頭，有著古典式的開局，明白清晰，字斟句酌，冷靜客觀，在天鵝絨般柔軟的文體下面，隱藏著冷嘲的弦外之音。戴維・洛奇認為，這樣的開頭很出色。

（二）書名

戴維・洛奇認為，書名是小說文本的一部分——事實上，它

是我們讀小說時最早接觸的那一部分——因此，它在吸引和支配讀者的注意力方面具有相當大的力量。如現代主義大師們愛用象徵的或含有隱喻的書名——《黑暗之心》、《尤利西斯》、《虹》等。

　　對於作者來說，選擇書名是他創作過程中的一個重要組成部分，它可以使焦點更好地對準小說想要涉及的問題。但小說從來就同時具有商品和藝術品這雙重屬性，商業上的考慮會影響書名。出版商為了某種生意經，常會勸說作者放棄自己的選擇。

　　的確，不單是小說如此，任何種類的書名都可能會因為商業的考量而迫使作者不得不放棄自己原有的想法，這是商業和文學之間難以平衡的地方，商業的考量以購買動機為前提，以吸引讀者購買動機的書名為第一優先考量，也正因如此，戴維·洛奇才會說：「也許書名對於作者比對於讀者總是更為重要」。

　　（三）動機

　　戴維·洛奇對於小說的動機，是這樣說的：

　　　　既然小說告訴我們的故事都不是「真」的，那麼我們讀小說究竟想從中得到些什麼樣的知識呢？對於這個問題，有一種傳統的回答：想知道人的內心感情或思想。小說家能找到一條深入人物內心隱曲之處的秘密通道，這是歷史學家、傳記作家、甚至心理分析家都無法找到的。因此，一部小說或多或少都能為我們提供一些令人信服的範例，以說明人們何以會像他們那樣行動。後現代主義與後結構主義早已解構，但並未徹底摧毀基督教或自由派關於人的自我本性的人

道主義理想，小說設計就是以這一理想為基礎的──男女人物對自己的行為負有最重大的、不可替代的個人責任，至今我們對小說仍非常珍愛，尤其是代表古典現實主義傳統的小說，正是由於它們能幫助我們認清人類的行為動機。（p544）

　　小說家可以找到一條深入人物內心隱曲之處的秘密通道，將之透過小說情節展現出來，而它能幫助讀者認清人類的行為動機，不只是動機，小說中能夠幫助讀者認清的有太多不勝枚舉的層面了，諸如福樓拜的《包法利夫人》，讀者閱讀時不僅僅是要知道包法利夫人出軌的動機而已，甚至可以看清人性的弱點，小說中將包法利醫生的愛情和其他勾引包法利夫人男子們的愛情做對比，顯現人性在愛情中的盲點與徬徨，真愛與虛情的面目等，這些均是小說裡可以見到的動機，因此，小說中可以給予讀者的東西多得無可勝數，有待讀者們去細細品嚐，咀嚼玩味，而此處的看法，也道出了一部好的小說，不僅讓讀者認清人類的行為動機而已，而是像萬花筒般，任何的讀者來閱讀都能產生不同的感受，如中國的《紅樓夢》般，少年讀之著重在愛情方面，中年讀之著重在閱歷方面，老年讀之著重在人生的道理是一樣的，這也就是清張潮所言的：「少年讀書，如隙中窺月；中年讀書，如庭中望月；老年讀書，如臺上玩月：皆以閱歷之淺深，為所得之淺深耳。」

五、藝術與現實的五十四條格言

　　此五十四條格言乃弗里德里希‧迪倫馬特的見解：

（一）每一藝術作品都表現了對現實的觀點。

（二）現實是客觀的，表現和觀點則是主觀的。

（三）每一藝術作品都以一種主觀的方式表現出對現實的一種主觀的看法。

（四）倘若一部藝術作品能夠臨摹現實，那麼它便可能是客觀的（也即是被動的），由於一部藝術作品只能表現現實，所以它是主觀的（也即是主動的）。

（五）每一部藝術作品都是主觀的。

（六）每一部藝術作品所表現的現實都是一種「主觀的現實」。

（七）每一種「主觀的現實」都包含於客觀現實之中。

（八）一部藝術作品絕不可能超越客觀現實。

（九）社會的任務在於揭示藝術作品中的現實。

（十）社會的現實便是人類生活於其中的政治結構。

（十一）每一種政治結構都可以從兩個方面予以表現：有權者的一面和無權者的一面。

（十二）有權者對藝術作品的恐懼是雙重的，因為他們發現藝術作品中無權者不是被塑造為統治者，就是被塑造為能夠控制自己的人。

（十三）每一部藝術作品都是能夠起政治作用的：因為它能夠轉化為一種政治譬喻。

（十四）每個人把一部藝術作品作為政治譬喻來體驗，正是每個人把這部藝術作品同政治現實等同起來的體驗。

（十五）一部藝術作品能否起政治作用以及如何起政治作用，完

全取決於社會。

（十六）一部藝術作品能否起政治作用以及如何起政治作用，完全無法預先確定。

（十七）一部藝術作品的政治意圖越不明顯，其政治影響往往越大。

（十八）為政治目的而創作的藝術，政治影響總是最為微弱的。

（十九）吶喊並非詩歌。

（二十）每一部藝術作品的內容必須包含一個間距。

（二十一）作品內容憤慨，其間距必須是和解的。

（二十二）作品內容和解，其間距必須是憤慨的。

（二十三）作品內容悲哀，其間距必須是撫慰的。

（二十四）作品內容撫慰，其間距必須是悲哀的。

（二十五）作品內容為悲劇的，其間距必須是喜劇的。

（二十六）作品內容為喜劇的，其間距必須是悲劇的。

（二十七）作品內容悲觀失望，其間距則應為幸福的。

（二十八）絕望即是喪失間距。

（二十九）世上不存在絕望的藝術作品。

（三十）唯有幽默才可能構成間距。

（三十一）幽默是智慧的面具。

（三十二）沒有面具，智慧便冷酷無情，較易忍受。

（三十三）幽默和冷酷無情較易忍受。

（三十四）冷酷無情到無法忍受的地步是不明智的。

（三十五）對於藝術，人是至關緊要的。

（三十六）唯有人類才懂得幸福。

（三十七）人類的幸福很難以任何一種數字來衡量。

（三十八）政治的目的只能夠完成某些「理所當然」的
　　　　　事情，政治目的絕不是幸福。

（三十九）誰想在政治中尋幸福，也就是想尋求統治地位。

（四十）研究人類現狀，研究其「理所當然」形成的原因，是一
　　　　種思維科學。

（四十一）一種意識型態並非科學。

（四十二）「理所當然」，是人類設想的最理智的社會結構，它
　　　　　使人類得以共同生活於其中。

（四十三）科學所能設想的社會結構有兩種：一種借助於自然規
　　　　　律進行管理，另一種則借助於人類自己制定的法規。

（四十四）人們將選擇何種社會結構，取決於人們理性的程度。
　　　　　這個人越是缺乏理智，便越是傾向於一種自然規律型
　　　　　的社會結構。

（四十五）一般人總是傾向於接受一種自然規律型的社會結構。

（四十六）危機將日趨嚴重，罪行將日趨恐怖，而法律將日趨嚴
　　　　　峻。

（四十七）兩種社會體系中並無任何一種可以保證人類的幸福。

（四十八）誰摧毀意識型態，誰就摧毀了為暴力辯護的論點。

（四十九）暴力不能排斥暴力，它們互相接替的最佳方式是由一
　　　　　種暴力取代另一種暴力。

（五十）政治允許持懷疑態度的預測。

（五十一）樂觀主義和悲觀主義均屬持懷疑態度的預測。

（五十二）一部藝術作品不承認任何持懷疑態度的預測。

（五十三）哪裡是個人和人類完全一致之處呢？獨一無二比較可
　　　　　靠的預測乃是：在死亡之中。

（五十四）每一藝術作品都是啓示錄式的。

　　此五十四條論述，可簡潔地歸納成：

（一）藝術作品在表現主觀的現實。

（二）藝術作品能否起政治或政治以外的作用是無法預測的。

（三）藝術作品內容和間距必呈相反狀態。

（四）藝術作品似啓示錄一般，能給予人很大的影響。

陸、小說家談創作

一、安德烈・別雷〈我們怎樣寫作〉

　　安德烈・別雷（一八八〇～一九三四），是二十世紀初俄國
象徵主義的代表人物之一。其代表作《彼德堡》是兼具象徵主義
和意識流特色的著名長篇小說，享譽世界文壇。

　　別雷此文以自己一生出版的三十餘部不同樣式、體裁的作品
爲例，說明小說創作的複雜、艱難。他把完成一部小說創作比作
以雞蛋孵化出小雞，說從取材、構思到情節的形式是一個漫長富
有創造性工作的過程，而把已構思好的東西伏案「記錄」下來是
比較容易的。文中提到小說創作與音樂的關係、注意音響效果等

屬於作者的個人特徵，而所談把握題材、錘煉語言的甘苦等則相
當精闢，具有普遍的意義。

　　別雷在〈我們怎樣寫作〉裡是這樣說的：

　　我不是作家，因爲我還從來沒有如此富有藝術創造性地幹
過。對我來說，與記錄之前藝術定型的過程相比，記錄的過程是
微不足道的，無論它占去我多少小時。記錄，或者說筆尖刷刷作
響，起的正是一種輔助作用，一如筆的質量或者演說家的口形與
所表達的思想的關係。說到我怎樣「寫作」，哪怕寥寥數語，也
要提及用各種複雜的生產方法完成的那些過程。這些過程的綜合
就是這樣定型的文稿。我指的是「藝術的」創作。身爲作家，我
把自己分成藝術家和批評家、思想家、回憶錄作者、特寫作者等
等。

　　去年我用兩個月寫了二十六個印張的回憶錄，現在已以《在
兩個世紀的交接點上》爲題由土地和工廠出版社出版了。有些人
不管形式的隨便而讚揚我文筆優美。兩年前我利用自己的日記，
把它改寫成《高加索來風》。我一邊抄寫自己的日記，一邊給它
抹上淡淡的文學色彩，利用了「別雷」過去的成果，與藝術創作
相比，以刷刷走筆用去可觀鐘點的工作是不足掛齒的，因爲那裡
寫作的是政論作家，結果是風景明信片似的特寫。這兩本書我都
是寫出來的，因此兩本都是「粗製濫造」的產物。我寫這些文字，
是爲了讓人們能夠看見藝術家們在記錄工作之外孜孜以求的東
西，它們是無法統計的，是無償的。

　　《莫斯科》是「寫出來」的，把句子、語言、情景、對本質

特徵的描述以及從表面觀察到的、內心聽到的東西記下來的過程不用筆是不可能的，但是記錄──只是短短一瞬。而有時吟誦一個不順的句子會弄得太陽穴直跳，花去幾個小時的散步時間，和作一行詩一樣──它等同於記錄嗎？我夜以繼日地吟誦，在散步中，在吃飯時，在周期性失眠的漫漫長夜，結果──吟誦好的片段比雞鼻子還短，記錄它只需一刻鐘。

其實在不斷吟誦和全身心投入的五個月地獄苦熬之前的一些年，我就開始創作《莫斯科》了。我在收集情節素材和使它藝術定型時做的最重要的工作是在高加索群山中漫步，或者躺在床上，在失眠中「寫作」，某些東西漸漸沈澱了，決定了。我就是這樣進行藝術創作的，同時，伏案「疾書」，寫那些我真正「寫出來」的書。對我來說，藝術創作問題是與我動筆前，即把主題、節奏、語言、色彩方面慢慢成形的東西和寫出來之前怎樣生活的問題分不開的。我用同樣的方法寫了長篇小說《銀鴿》和《彼得堡》。

可見別雷寫作的過程，猶如歐陽修所言的「枕上、馬上、廁上」，只要有了靈感，時時都可寫作，處處均可創作，反覆吟咏後再將之記錄下來，再慢慢讓小說成形。

別雷亦強調：我不是靠感情去感受素材的綜合，而是靠音樂主題的聲音，我必須找到這個音樂主題的標題，即情節。我心裡明確的是讀者閱讀故事情節時內心應該產生的那種印象，於是我尋覓，我感受到主題聲音的情節，主題聲音同樣也是記憶記錄下來的素材的綜合。在寫作過程中我無法把意識中藝術定型的起點

分得一清二楚。

　　藝術作品要經過胚胎形成、收集素材、素材在聲音中綜合，從聲音產生形象，從形象產生情節這樣一個過程。這類作品，每一部我都要寫上數年。從廣義上談寫作，我可以說，這是歲月的積累，從狹義上講，它仍然是寫作前就開始的，確切地說，它於四處遊蕩、奔波、爬山、尋找激發主題純正樂音的自然景色。這種樂音使我的思維，甚至肌肉也活動起來，因此形象思維的速度大大加快了，整個身體打起某種節奏，同時喃喃自語地找尋我需要的連貫的語言。在這期間，我既吟誦散文，也吟咏詩歌，只是詩歌格律要到後期才能定下來，而散文則像某種自由、悅耳的音調，成型得快，因此，不吟誦出聲，我便無法構思我的小說。我千方百計地採用印刷藝術的間隔和所有暫時使用的方法，加上給讀者講述文本的那個敘述者的語調。當用眼睛閱讀時，我把這種閱讀方法看作野蠻行為，因為藝術的閱讀是內心發聲，而且語調是最重要的。當用眼睛閱讀時，卻毫無意義。一目十行的讀者和我是格格不入的。

　　所以，收集素材的創作意圖產生主題聲音，主題聲音產生的第一個形象，表面情節的事實──對我來說是狹義上的藝術定型的最初的因素。這個聲音是在我伏案寫作之前就出現的，有時還要提前許多。

　　由此處可見別雷極為重視閱讀時，文本給予敘述者內心產生的語調，乃是有意義的聲音。

　　接著，別雷對於自己的政論文和小說創作方式作了區別：我

的政論文的情況就不一樣了，我答應寫什麼交出的就是什麼。我答應了，建造了，完成了。那是另外一種質量的工作。作爲政論作家，我也是另外一種質量。寫小說時，我本能地寫不出一點抽象的東西。寫文章、學術著作時，在「聲音」、「節奏」和「藝術形象」方面我平庸得很，像個木頭疙瘩。

　　高質量思維的第二個困境。我的人物形象像園子裡的蔬菜一樣生長，一些成熟了，另一些不願意長熟，在海邊等個好天氣往往還要幾個月。主編已經暴跳如雷了，合同要遭殃了。要想做個問心無愧的藝術家，就自己承擔違背合同的責任好了。大多數人在這個微妙關頭便粗製濫造：誰會真的去審察？

　　在語言藝術家和編輯之間，過去、現在和將來都會出現不協調，除非理解了我這裡寫的一切──這是不折不扣的事實。

　　關於狹義的寫作，或者關於文本構成，記錄，按筆記、修改稿和信函「寫作」的技巧，別雷的看法是：寫作中的主要任務──要使聲音、色彩、形象、情節、情節的意圖彼此滲透，直至徹底融和在一起，要使聲音和色彩意味深長地吶喊，要使創作意圖有聲有色。在寫作過程中我展開一系列內在的創作活動，一個夾子裡放著打出點子的，在節奏等方面吟誦的句子（在散步、吃飯時，或在床上），這項工作要不停地做。我必須二十四小時處於「創作狀態」，需要的詞匯突然「沸騰」了，抓不住它就飛了。另一種創作活動──研磨顏料，形象，寫生──樹木、鼻子、桌子、壁紙、表情。這時仍不需要任何寫字台，車廂也好，偶然碰上的一塊石頭也好，機關裡的座位也好，都可能轉眼間變成「寫

字台」。第三種創作活動——描寫思維的形象、角色的內心活動，給他們記日記。第四個夾子——搜集詞匯。第五個——修飾句子的文字。……我對自己所做的一切，比如為了探個究竟而時時折磨自己，折磨自己的身體，探個究竟的東西可能根本不在小說中反映出來——要把這些都寫出來，要寫一大厚本，而不是一篇文章。

一句話：狹義上的寫作過程是十至十二種工作的彼此協調，每一種都需要自己獨特的意識動力，在俚俗詞語中被稱作「靈感」。這些質量各個不同的「靈感」，聲音的，色彩的，心理的，政論的，矯正的，段落安排的，連貫性的等等——它們獨特的彼此協調便是藝術品的特徵。在這裡作者是總導演、模型製作師、服裝設計師、道具製作師、演員等。

最後，別雷的結論是：創作活動一旦展開，他便與它們須臾不可分離。在寫字台前消耗時間是最少的，記錄和謄寫的全過程只用幾十個小時，與他應該做的那些工作相比，畢竟只是一小部分時間。

二、威·騷·毛姆〈論小說寫作〉

威·騷·毛姆（一八七四－一九六五），英國小說家。他的作品內容充實，情節生動，語言明快，巧妙地將藝術性與娛樂性融為一體，贏得了 廣大讀者的喜愛。他被譽為講故事的大師，但他卻謙稱自己的地位只是「在二流小說家中居於前列」。〈論小說寫作〉選自他的自傳《總結》（一九三八）。《總結》敘述

了他一生的思想經歷，闡述了他對文學藝術的見解。他雖然也重視修飾技巧，但更重視故事情節和人物形象。

（一）自身的創作經驗

　　毛姆自身的創作經驗談是：我總是把要寫的東西放在肚子裡醞釀很長一段時間，方才見諸筆墨，我在南洋一帶構思的一些短篇小說，先只要隨便記下一點，直到四年之後，方才寫第一篇。短篇小說我已經多年不寫了。開始寫作生涯時寫過，我出版的第三本書就是六篇短篇小說，都寫得不好。我的代理人逼著我寫得風趣些，可是在這方面我就是不行，不是惡毒，就是憤激，或者尖刻。我想努力投合主編的意圖，賺點零錢，但很少達到目的。這一次我寫的第一篇小說叫做《雨》，有這麼一個時候，看上去它的運氣好像並不比我年輕時寫的那些短篇小說好到哪裡去，因為一個主編接一個主編都拒絕採用它，但是我不在乎，仍舊繼續寫。當我寫完了六篇，而且最後全都在雜誌上發表之後，我就出了一個集子。它們的成功使人開心，而且意想不到。我喜歡短篇小說這種體裁。跟我幻想中的人物生活在一起兩三個星期，然後打發掉他們，覺得很稱心。你來不及對他們感覺膩煩。這類短篇小說，每一篇大約一萬二千字，足夠我發揮我的主題思想，然而又逼我必須要言不煩，這後一點得歸功於我寫作劇本的經驗。

（二）創作時的文學背景

　　毛姆對於當時英美社會的文學界極為推崇契訶夫的態度，有著不同的看法：我開始認真寫短篇小說時，英美的一些優秀作家正在接受契訶夫的影響，這對我來說是一種不幸。文學界相當缺

乏穩定性，只要產生一種怪想法，便往往認為是天經地義，而不是一時的風尚。當時最流行的見解是，一個人愛好文藝並且想要寫短篇小說，就必須寫得像契訶夫那樣。好幾個作家把俄國人的憂鬱，俄國人的神秘主義，俄國人的不振作心情，俄國人的絕望感，俄國人的輕浮舉動，俄國人的意志薄弱，都移植到薩里或者密執安、布魯克林或者克拉彭來，並且相當出了名。說實在話，契訶夫並不難學。

　　契訶夫是一個很好的短篇小說家，但有他的局限，而且把自己的藝術建築在這些局限上，這是他明智的地方。他沒有本領編造一個緊湊而生動的故事。契訶夫的為人性情開朗和講求實際，但是作為一個作家卻是抑鬱和消沈的，這使他不喜歡暴力或者生氣勃勃的行動。他的幽默讀來常是那樣痛苦，彷彿一個皮膚敏感的人，本來就經不起碰，被人胡亂一刮之後，激怒了的反應似的。他看待人生是單色的。他的人物個性都不突出，好像他對這些人的為人本來就不大感興趣。或許這就是為什麼他能夠使你感到他們都是相互交織在一起的，是些古怪瞎摸的外胚層質，我中有你，你中有我，一種人生神秘感和空虛感，使他的作品具有那種與眾不同的質地。這是他那些模仿者都沒有看出的。我不知道自己能否學得了契訶夫。我也不想學他。

　　當時文學界紛紛認定契訶夫的短篇小說是值得學習的對象，但對毛姆而言，他並不認同，且他針對契訶夫的小說評論有不同於他人的評價，有其獨特的觀點。他更明確地表態：「我也不想學他」。由此可看出毛姆的不媚俗之外，更有一份創作上的

自信。

（三）毛姆的創作觀

　　毛姆的創作觀，他自己說得明確：我要把故事寫得緊湊，從鋪敘到結束一氣呵成。短篇小說，在我看來，只是敘述一個事件，或者物質事件，或者精神事件，凡是無助於說明這個事件的細節全都刪掉，這一來就能賦予作品一種生動的一致性。只有缺乏邏輯性應當受到指摘，過去人們不重視它，我覺得，是因為作者為了某種效果，沒有為它添枝加葉的緣故。一句話，我願意用一個句點，而不願意用些七零八落的點子結束我的故事。所以文學界認為我的作品沒有多大價值，我看這是很自然的事。在戲劇上，我覺得按照傳統的方式寫很方便。作為一個小說家，我回到年代悠遠的新石器時代，仿效那在山洞裡圍火講故事的人。我有故事要講，我把故事看作是樂趣。單是故事本身就足夠成為一個目標了，而現在知識份子卻瞧不起講故事，所以我就倒楣。我讀過不少論小說寫作的書，全都認為小說情節沒有多大價值（順帶說一下，我就不懂得某些自作聰明的理論家在故事和情節之間所作的嚴格區別。情節不過是故事的布局罷了）。這些古人們會認為情節對於高明的作者只是一種礙手的東西，是他對公眾愚蠢要求的一種讓步。

　　讀者會想要知道引起他興趣的那些人物的究竟，這是很自然的，而情節就是滿足這種要求的手段。要編出一個好故事顯然是不容易的，一個故事應當具有適合題材需要的連貫性和足夠的可能性，應當是能夠表現性格發展的那類故事，這是當代小說最最

關心的，應當有完整性，俾能在故事全部揭曉以後，讀者對於書中人物再沒有什麼問題可以問的了。它應當像亞里士多德談的悲劇，有頭，有尾，有身體。情節的一個主要用處，好多人似乎都沒有覺察到。它是一根指導讀者興趣的線索。這可能是小說中最重要的東西，因為作家要靠指導讀者的興趣才能使他一頁頁看下去，也是靠指導讀者興趣才能使讀者進入他要求的那種心境。作家的骰子總是裝了鉛的，但是決不能讓讀者看出，他就是靠在情節上下功夫抓住讀者的注意力，使他看不出上了作家的圈套。我並不是在寫一本論小說寫作技巧的書，所以用不著列舉小說家用以達到目的的各種花招。但是我們從《理性與感性》和《情感教育》可以看出抓住讀者興趣效果多麼好，而放棄抓它是多麼有害。簡·奧斯丁非常堅定地帶領著她的讀者沿著那個簡單故事的線索前進，使讀者來不及盤算艾琳娜是個道學先生，瑪琳是個傻瓜，而那三個男子都是沒有生命的木偶。福樓拜一意要體現絕對客觀性，對讀者興趣簡直不抓，使讀者對書中人物的命運毫不關心。這使這部小說（指《包華利夫人》）非常難讀。我想不出什麼別的小說有這麼多優點，然而留給人的印象卻是這樣，像淡墨山水的。7

---

7 按：由毛姆豐富的小說創作（諸如《人性枷鎖》、《餅與酒》、《月亮與六辨士》、《剃刀邊緣》等）可以看出他是一位擅長說故事的小說家，同時也重視人物塑造與氣氛醞釀，與他的小說理論若合符契。

三、加西亞・馬爾克斯〈與略薩談創作〉

加夫列爾・加西亞・馬爾克斯（一九二八——），哥倫比亞作家。（按：國內譯名爲賈西亞・馬奎斯）代表作《百年孤獨》（按：國內譯名爲《百年孤寂》）共二十部分，不標章回，與瑪雅歷法中的二十制進位相對應。小說以神話的預言——逃避預言——預言靈驗的天啓循環爲構架，對故鄉、哥倫比亞、拉丁美洲甚或整個人類歷史進行了全方位的掃描與重構，從而穩固了拉美文學及魔幻現實主義在世界文學流變中的顯著地位。〈與略薩談創作〉是加西亞・馬爾克斯於一九六七年在秘魯首都的一篇訪談錄，涉及作者的創作思想、創作道路和審美情趣。

（一）馬爾克斯的創作思想與審美概念

馬爾克斯在文中談到自己的寫作源起時，他認爲開始寫作最初的幾篇小說時，對寫作能有什麼用處一點概念也沒有。他談到：起初我喜歡寫，是因爲寫的東西能在報刊上發表，而且還發現，我寫作是爲了讓我的朋友更喜愛我，這一點在很大程度上確是如此。但是後來在分析作家的職業，分析其他作家的作品後，我認爲文學，特別是小說肯定有一種職能。現在我不知道這樣說是幸還是不幸，我認爲這種職能是一種破壞性的職能。我不知道有哪種優秀文學作品是用來讚頌已經確立的價值的。確實，寫作是一種迫不及待的愛好，就是說，一個具有作家志趣的人，只有寫作才能擺脫折磨他的頭痛和消化不良症。

（二）作家於作品裡反映思想修養

　　作家在構思一個短篇或一部長篇小說時，能否以某種方式預見他的作品送到讀者手中時所產生的煽動性、破壞性的後果？馬爾克斯的回答是：不能！如果這一點能預見到，如果一本正在寫作中的書它的力量，即它的破壞作用能預先決定，那麼從這一刻起，此書已屬劣作了。不過，我們這裡說的作家和文學，是指小說家和小說，否則會引起誤解，實際上我說的也是小說家和小說。我以為作家總是與社會發生衝突，而且還不止於此，我有一種感覺，作家寫作是解決個人與周圍環境衝突的一種方式。當我坐下來動筆寫一本書時，是因為我想敘述一段有趣的故事，一段讓人喜歡的故事。問題是我也有我的思想修養，我認為作家，所有作家都有自己的思想修養，如果這種思想修養是堅定的，如果作家在敘述他的故事時是誠實的，如果作家有堅定的思想立場，這種立場就要在他的小說裡反映出來，也就是說，它將供給小說以養分，就是從此刻起，故事可能會有我們說的那種破壞力量。我不相信它能被預先決定，但它是不可避免的。

（三）小說創作應以個人經歷為基礎

　　馬爾克斯對於小說創作，極力主張應以作家個人的經歷為基礎，在訪談中，他舉了自己創作《百年孤獨》為例，說明將生活經歷寫進小說裡的實際情況。他說：當我寫作一篇小說時，唯一使我感興趣的是小說的構思能否使讀者喜歡，我自己對小說的內容要無任何保留意見。不是絕對以我個人經歷為基礎的小說我不寫。現在我正好在為一部想像中的獨裁者的小說著手準備（指作

者於一九七五年出版的小說《家長的沒落》），也就是說一部通過其所寫的環境可以猜想得出是拉丁美洲獨裁者的故事。這位獨裁者八十二歲，他在台上待的時間如此之長，以至他自己都鬧不清是何時上台的，他的權力如此之大，以至他無需發號施令，他一個人孤零零地待在一所其大無比的宮殿裡，牛群在大廳裡漫步，咀嚼著大主教肖像的巨幅油畫。因此，頗為奇特的是，在某種程度上這個故事竟是以個人經歷為依據的，是我個人經歷的詩化，這有助於我表達在這種情況下所要表達的東西，即權力的巨大孤獨感，我以為要表達權力的孤獨感沒有比拉丁美洲獨裁者更好的典型了，它是我們歷史裡的神話巨魔。

　　當略薩問到在何種程度上可能給馬爾克斯的作品《百年孤獨》提供了素材時，他回答道：「實際上，我所認識的人裡沒有一個人不在某種程度上感到孤獨。這就是使我發生興趣的孤獨的涵義，我認為人是完全孤獨的，我認為它是人性的本質部分之一。另外，我認為我正在陷進一個危險的領域，這就是我試圖把我表達的這種孤獨進行解釋，而且試圖從人的各個側面去尋找這種孤獨。我認為有一天當我清楚了並確切地知道它由何而來，它對我就再也沒有什麼用處了。過去我以為孤獨是人性所共有的，但是現在我想這可能是拉丁美洲人異化的產物，這樣我就是在從社會的角度、甚至從政治角度，從遠比我以為的那樣廣泛得多的角度在表述我的看法。我想無論如何要做個真誠的人，我依然為孤獨這個可能成為帶點反動色彩的問題而忐忑不安。」

　　正因源於自身的生活經驗之故，馬爾克斯接著談論《百年孤

獨》裡的人物和情節，甚至地點，均是他將自己由祖父那兒聽來的，或是親身經歷，他說：「直到我已寫好兩本或三本書後，我才意識到我在利用這些經歷」，此處馬爾克斯所指的經歷，便是他的外祖父同他講述過的故事，甚至在《百年孤獨》這本書裡頭，如他自己所言，都能在人物上找到馬爾克斯姨媽的原型。因此在這一方面，略薩給了馬爾克斯的回應是：「在某種程度上是你所說的作家總是從自己本人的經驗出發這一論點的明證。」

此外，關於文學上的寫實主義，馬爾克斯亦有自己的看法：

我認為具體地說在《百年孤獨》這本書裡，我是個寫實主義作家。因為我覺得在拉丁美洲，一切都是可能的，一切都是現實的。但作家要把拉丁美洲這些真實的事件如實地記錄下來也有困難，因為這樣寫成的書人們不會相信，這是個技術問題。我以為我們必須研究語言的運用，研究研究寫小說的技巧，以便能使拉丁美洲所有的奇異事情都能融入我們的書中，使拉丁美洲文學真正符合奇異事件層出不窮的拉丁美洲生活。而我們拉美作家們，每當坐下來動筆寫這些事情時，不是當作一種現實去接受，而是展開辯論，將它理性化，並聲言「這不可能，事情是他是一位瘋子」，等等，從而擺出一系列合理的解釋來歪曲拉丁美洲的現實。我以為我們必須做的是直截了當地正視它，這是一種形態的現實，它可以給世界文學提供某種新的東西。」

對於將創作的素材變成文學，如何使它們通過語言變成一種想像的現實，馬爾克斯說：「我認為一切偉大的文學都必須建立在具體的現實之上，一個作家的主要政治責任是把作品寫好。寫

好，不只是說寫的文章無懈可擊、光彩照人，我也不是說寫得情真意切，而是說要按照自己的信念去寫。我覺得對作家不應具體要求他在作品裡成爲一個政治活動家，要作家把他的作品變成政治武器是不對的，因爲實際上如果作家有思想修養和立場，像我以爲我所具有的那樣，它必然要包含在作品裡。且我以爲每一種題材需要一種最適合於它的語言，而且必須去尋找這種語言，如果明天我遇到另一個內容，需要另一種不同的語言，我將設法尋找這種語言，一種對故事合適，使故事收到最好效果的語言。」[8]

四、馬克斯・弗里施〈弗里施談話錄〉

馬克斯・弗里施（一九一一——），瑞士德語作家。在〈弗里施談話錄〉（一九七四）裡，弗里施談了他自己的作品，他所受的影響，以及自己的創作經驗，如寫作心態以及主題的來源等等。訪談雙方都以爲，作品寫得過於象徵、過份外露、人物太少內心矛盾、作品太少開放性是不可取的。

關於創作，弗里施的論述是：

我迄今認爲理論不是我的長處。我當然也嘗試過，卻不如其他人。除此以外，還因爲我有創作欲望，而又不是好讀書者，我總愛滯留在感官情緒中，我只讀有助自己寫作的書，也即一切激勵我、向我提出挑戰的東西。這種選擇不適宜於批評性職務。我若是批評家、出版家、編輯或者劇院領導人就得持一定態度，就得接受各種截然不同的東西。而我做不到。

---

8 按：這篇訪談也展示了南美「魔幻寫實」的方法與精義。

　　戲劇是某些愛欲在更內在意義上融入了語言，這是一種實體感，由身體和聲音形成的官能感受。原本發誓不再寫作，我嚴格遵守誓言，一字不寫，還毀了手邊的所有草稿。一九三九年，大戰已經爆發，我在瑞士南部邊界站崗之時，我把新寫的小書題名《從軍散記》，是一個普通士兵的日記，我又進入文學領域。

　　我願自己是一個藝術家，一個詩人——採用這兩個單詞的目的是：置身社會之外，持有一種徹底浪漫性質的著作權。讀者揣測我的長篇小說《施蒂勒》為自傳內容之處往往純屬虛構，或者恰恰倒過來，這就是小說十分迷人惑人的匿名信特點。自傳性僅為作品之大氣候，而並非指一切行動，一切人物。施蒂勒和妻子之間的矛盾衝突都是我的親身體驗，不過移植到了另一個人物上。

　　我每寫完一個劇本就感到必須潛心思索一陣，以便變換形式而重新回轉自我。變換形式、交替寫作戲劇和敘事詩在別人是不言而喻的常事。而我寫戲劇則是把材料加工成對白。當我轉入散文時就丟了對白。在我的創作中，散文和戲劇工作的另一區別是：我的散文比劇本帶有更強的自傳性質，因為第一人稱手法很難用於舞台。我相信這種交替對我有利，同時我必得承認，我這麼做常出於內心需要，而並非出於自覺。

　　當我還是建築師時，成天忙得不可開交，然而寫作欲望卻與日俱增。我簡單決定寫下時間許可的東西，我有材料，有思想，卻只能寫成速寫，開始覺得是萬不得已之舉，後來斷定也屬我的獨特形式，因此當我成為專業作家時，又撿起了這個行當。兩年前我出版了第二本日記，以後就只寫純私人的日記了。

　　我寫《施蒂勒》時從未考慮到「理想」這個詞，幸好沒有。我寫作完全出於渴望表達一種主觀經歷，一種憂鬱心境，在這部作品裡和在另外作品裡的是同一痛苦，同一煩惱。首先出於一種對自己的不滿，隨後經過沈思也成為對社會的不滿，於是變成了一種批評。我的來源並非文學，而出自個人內心體驗，倘若不想誤解我，人們可以把我歸入自衛作家類。我寫作，因為要生存；我寫作，因為要讓人了解；我寫作，因為要表達自己──這一切似乎十分自我中心，但的確是事實，我自己也長期不願意承認，後來我在某種程度上增添了有教育意義的說法，這倒也不是說謊，不過我至今還認為這僅屬輔助內容。我沒有為開導和啓發世界而寫作，這是美好、善良的任務──我也做了一些，但卻不是中心衝動──，我的中心衝動極其簡單、單純、純樸：一種表演欲望，一種自衛本能。總之，把幽靈們逐出牆外。

　　拿《施蒂勒》來說，時間是確定的，地點也是，故事發生在戰後瑞士，寫的是瑞士市民的生活，大致是冷戰時期，並未寫成超越時空的小說，然後，歷史背景並非此書中心主題也是不言而喻的。

　　我僅依據自己生活其中的空間進行寫作，它儘管也屬時代歷史之一部分，卻多少處於背風面。我作為作家，理當表現巨大的經驗世界，也即不限於自己的歷史。但我只知道這裡，只知道一個電車售票員生活怎樣，說了什麼。我對德國知道得很少，對英國一無所知。而我倘若不描寫這些，肯定會大大降低我已知的經驗。如果我進入幻想領域，寫一部夢幻小說或者一齣化妝劇，那

麼上述一切就全不需要。我的故事和經驗是與這個處於世界大事背風面的環境緊密相連的。這不是選擇，而是囿於客觀情況。

我肯定絕對考慮到具體對象的——集體的或者個人的——，難以想像，人們在寫下一種思想或者想寫什麼的時候，居然毫不感覺公眾的目光。作品一旦問世，作者就會和讀者見面，或者在劇院和熙攘的觀眾見面，他不可能 完全忘記自己寫下東西也是要讓他們接受的。我對此並無精確思考，我的意思是並無確定的讀者群。當然我知道，讀我書的人裡工人不多，大都是學生，受中等教育的人，甚至是有修養的人士。這可不是說我寫作時有確切的讀者對象。情況往往是我短時期內想到了一些特定的人，想到了某些朋友等等。我堅信，如若缺乏渾然一體的對公眾、對作品對象的思想，那麼即使只寫一頁也極為艱難，幾乎不可能，就像人們必得信仰自己寫下的文本，否則就不會公之於世。我就是在寫日記文學時也發現似乎從未為期望讀者理解而構思句子。我揣測自己並不希望總惦著讀者——可他仍然存在著。簡單地說，這是一種兄弟般的關係。人們也許對此毫無察覺，它決定著寫作風格，以及與之適應的全書面貌。

我簡簡單單只想工作。就像一個雕塑家在工作室裡面對自己的材料，並不一定是他產生了人們所謂的靈感，我必得對著打字機，一再修改，一再重寫。我設計草案是為了在突破時獲得意外驚喜，因為我致力於能夠比過去想得更深，寫得更好。成果就是這麼產生的，如果沒有特別事情，在寫作時，在打字機前，也是擁有幸福感的！

五、君特‧格拉斯〈談文學〉

　　君特‧格拉斯（一九二七—　），德國作家。文學創作以《鐵皮鼓》、《貓與鼠》和《狗的歲月》三部小說組成的「但澤三步曲」最有名。曾獲一九九九年諾貝爾文學獎。這裡以〈談文學〉為題輯錄了格拉斯談文學和創作的兩篇文章。第一篇關於文學的《隨想》就一般文學問題，如傳統的繼承、作家的任務、真實與虛構以及他自己的作品談了他的看法。另一篇是對他的訪談錄，其中涉及了故鄉在作家創作中所占的位置，關於擴大寫實主義概念的主張、形式與內容以及如何表現現實生活的紛繁多樣的問題等等。

　　格拉斯認為：

　　作家沒有控告或判決的權利。一個作家必須揭示。……我無意挑撥，我只想揭示，我只想把握並反映時代的潮流。我認為，一個作家是他寫的一本書中人物的總和，包括書中出現的納粹黨衛隊員，不管願意不願意，他必須能以文學的、冷靜的、保持距離的方式愛這些人物，他必須能進入角色，他無法跟他們劃清界線，乾脆憎惡地稱他們是「另一種人」。一本長篇小說的意義不是靠從大都市到大都市的地點迅速變換，靠直接與重大歷史事件掛鉤來證明的，文學成功的機會正好在於從細節出發，表明其與重大事件的聯繫。

　　在我寫作時，作者是要銷聲匿跡的，把第一人稱講述者與作者混淆起來，顯然是批評家們，還有那些自作聰明的大學界人士

的一種慣例。每本書連同所有的次要人物、風景、主題的選擇，自然是作者的一個截面，一個特定的截面，也意味著是作者的一種自我發現。

有許多作家，他們一生始終專注於描寫某一地區，那就是他們的出生地。原因在於，那裡是他們生活的環境，那裡給他們打上了烙印。同時也因爲他們認識到，那裡發生的事情在其他地方也可能發生，這個偏僻、閉塞的地方能夠反映和折射世界上可能發生或者已經發生了的事情，只是所帶有的色彩不盡相同罷了。

我想做的是要擴大寫實主義這一概念，使之包括潛意識、幻想、夢幻、想像等等這些人們因看不見摸不著便通常斥之爲非現實的東西。在這一點上，我是繼承了文學和藝術的傳統。我試圖借助放大了的現實，採用人們不易察覺的啓蒙方法，通過藝術的手段來擴大人們的視野，揭露事實真相，消除蒙昧和欺騙。

敘事文學的形式應當是一張有縫隙的網，作者可以有三五年創作時間在其間自由穿行，倘若形式的網結拉得過緊，抽得過密，那麼作者就會成爲被永久固定的思路的犧牲品。在形式的束縛下，他沒有繼續發展的餘地，因爲形式不允許他隨心所欲地去寫。然而，隨心所欲的創作將會掙脫形式的羈絆，不斷地合理地威脅著長篇小說，並且正在成爲敘事文學的一種形式。

敘事文學的表達手段，碰到各式各樣的現實，有相互排斥的現實，有一種現實掩蓋著的另一種現實。藝術作品，這裡不單單指書，有可能表現現實的紛繁多樣性，因此，在寫作時人們可以充分地運用各種不同的藝術手法。同時發生的事情，延續至今的

往事，將來可能發生的事情，在屋內僅有一兩個人的時候，人們所能聽到的各種不同的聲響，包括所謂不會言語的那些物件的插入，這些都有待我們去描寫。這種描寫當然要求作家不拘囿循規蹈矩的敘述方式，因爲那種被人吹捧爲真實的所謂規矩實際上也是一種虛構。

六、米蘭・昆德拉〈米蘭・昆德拉訪談錄〉

米蘭・昆德拉（一九二九 — ）捷克裔法國作家。小說主要有《玩笑》、《存在的不能忍受之輕》（按：國內譯名爲《生命中不能承受之輕》。）

在這篇訪談錄裡，昆德拉闡述了自己寫作《生命中不能承受之輕》這部小說的構思過程和思想，對小說的技巧、定義都作了精闢的論述，尤其對媚俗一詞有清晰的闡釋。

昆德拉在訪談中這麼說：

一切造就人的意識、他的想像世界、他的觀念，都是在他的前半生中形成的，而且保持始終。因此，所有我關注的題材，都以這樣或那樣的方式，與布拉格和我經歷過的一切聯繫在一起。

《生命中不能承受之輕》以一對夫婦特麗莎和托馬斯爲中心，從他們邂逅相遇到意外死亡。通過特麗莎和托馬斯的故事，我本想寫一部有關愛情、偶然、嫉妒、忠誠、輕率、背叛的小說……圍繞著特麗莎和托馬斯的中心形象具有同樣多的不同題材。我躊躇不定，但我終於選擇了這個「生命中不能承受之輕」——小說中關於托馬斯，尤其是他的情婦薩皮娜的另一個中心主題。薩皮

娜是位藝術家，她一生過著從遺棄到遺棄，從一個地方漂泊到另一個地方，從背叛到背叛的生活，直到絕對的孤獨，直到她一貫嚮往的這種完全的輕。甚至她的死亡也將在輕的氣氛中發生，而她的骨灰也將在風中消散。

「不能承受」這個形容詞並不是某種宣言。我並不是說「生命之輕是不能忍受的」，我說的是「生命的不能忍受之輕」……我們處於模棱兩可中。如果說，小說有某種功能，那就是讓人發現事物的模糊性。我把書中整整一個部分題名爲〈未被理解的詞〉，它說明了同樣的詞對這些人或那些人是怎樣掩蓋完全不同的現實，即使他們的關係猶如特麗莎和托馬斯，或弗朗茨和薩皮娜那麼親近。小說應該毀掉確定性。況且，這也是作者與讀者之間產生誤解的根源。讀者時常問：「您究竟在想什麼？您要說什麼？什麼是您的世界觀？」這些問題對小說家來說是很尷尬的，確切地說，小說家的才智在於確定性的缺乏，他們縈繞於腦際的念頭，就是把一切肯定變換成疑問。小說家應該描繪世界的本來面目，即謎和悖論。

「媚俗」（kitsch）是十九世紀產生於德國的一個詞，它的涵義已逐漸變化，今天，在法國，僅僅意味著某種美學風格，低劣的藝術。但是，遠遠不止於此，這是一種由某種對世界的看法所支撐的美學，這幾乎是一種哲學。這是知識以外的美，是美化事物、取悅於人的意願，是完全的因循守舊。我則認爲，不如說，如柴可夫斯基，一種要引起激動，並且得以成功的有效的音樂，但是，非常傳統，是某種藝術上的煽情。這種蠱惑存在於西方，

也存在於東方。當然，極權的國家大大發展了這種媚俗，因為，這些國家不能容忍個人主義、懷疑主義和嘲笑。社會主義現實主義，就是媚俗的勝利。

昆德拉在《小説的藝術》中對「媚俗」這詞做了較詳細的説明：

當我寫《生命中不能承受之輕》時，我有些擔心自己把媚俗一詞作為小説的支柱詞之一。事實上直到最近，這個詞在法國還幾乎不為人所知，或者説，只是在很貧乏的意義上被人知悉。在海爾曼・布洛赫那篇有名論著的法文版中，媚俗一詞被譯為「低劣的藝術」。一個反意，因為布洛赫指出媚俗不是什麼低劣的作品，而是別的一種東西。有態度上的媚俗，行為上的媚俗。媚俗者（kitschmensch）對媚俗的需要：即需要在一面撒謊的美化人的鏡子面前看著自己，並帶著激動的滿足承認鏡子裡的自己。布洛赫認為，媚俗在歷史上與十九世紀感情浪漫主義有聯繫。而德國與中歐在十九世紀比別的地方更為浪漫主義（更少現實主義），所以那裡的媚俗極度流行，媚俗一詞也是在那裡產生，至今仍被流行使用。在布拉格，我們已把媚俗視為藝術的主要敵人，在法國則不是。法國這裡，與真正的藝術相對立的是消遣。與偉大藝術相對立的，是輕鬆的二流的藝術。但是我自己從沒有因為阿加達・克利斯蒂娜的偵探小説而受折磨。相反，柴可夫斯基、拉赫瑪尼諾夫、霍羅維茨的鋼琴，好萊塢的巨片，《克萊默夫婦》、《齊瓦戈醫生》卻是我深刻而真正憎惡的。我越來

越為那些形式上追求現代主義的作品的媚俗精神所憤怒。[9]

　　我的小說由短小的章節組成，最長的章節也從來不超出十頁，我喜歡每一章就是一個整體，有如一首詩，有起首，有精彩結尾。我希望，每一章有它自己的意義，而不僅僅是敘述中的鏈環而已。而且，這一選擇符合於我的小說美學。我覺得短小的章節各自形成一個整體，促使讀者停頓、思考、不受敘事激流的左右。在一部小說中有太多的懸念，那麼，它就逐漸衰竭，逐漸被消耗光。小說是速度的敵人，閱讀應該是緩慢進行的，讀者應該在每一頁，每一段落，甚至每個句子的魅力前停留。

　　我是小說家，而小說家不喜歡太肯定的態度。他完全懂得，他什麼也不知道。他想要以一種再令人信服不過的方式，來表現他筆下人物的「相對」真實。但是，他並不與這些真實同化。他虛構一些故事，在故事裡，他詢問世界。人的愚蠢就在於有問必答。小說的智慧則在於對一切提出問題。當堂吉訶德離家去闖世界時，世界在他眼前變成了成堆的問題。這是塞萬提斯留給他的繼承者們的啟示：小說家教他的讀者把世界當作問題來理解。一個建基於神聖不可侵犯的確定性的說明，是對小說精神的背叛，是對塞萬提斯的背叛。極權的世界，不管它建立在什麼基礎上，就是什麼都有了答案的世界，而不是提出疑問的世界。完全被大眾傳播媒介精神包圍的世界，也是答案的世界，而不是疑問的世界，在這樣的世界裡，小說，塞萬提斯的遺產，很可能會不再有它的位置。

---

9 米蘭·昆德拉著，孟湄譯《小說的藝術》香港：牛津大學出版社，1993，p106-107。

　　總之，他認爲小說是一種質疑人生的藝術。

七、克洛德‧西蒙〈與記者談小說創作〉

　　克洛德‧西蒙（一九一三──），法國作家。「新小說」派主要成員之一。在這兩次採訪中，西蒙進一步闡明自己對小說創作的見解。他認爲小說家要借助語言來組織混亂的思緒，通過無數的片斷來表達對周圍世界的感受。

　　訪談中他談到：

　　一段時間，我覺得，句號、逗號是些騙人的習俗，用它們切斷我力圖復現的連續真實之流，總讓人感到難受。後來，我改變了這一做法。但我依舊懷疑傳統小說的那種虛假的因果關係和順時序的鏈條，傳統小說老使人覺得作家是全知全能的上帝，這方面，巴爾扎克達到了頂峰，後來遭到失敗，引起人們的厭煩。

　　我不相信靈感。你同文字打交道，文字反過來也會主動找上門，而我則努力以文字組織混亂的思緒。寫作，猶如面壁射擊，子彈回返的方向無法預料。因爲牆上遍布著不懷好意的危險的凸凸凹凹。

　　在我一生的不同嘗試中，寫作是比較成功的。我寫作，故我存在。

　　簡單說來，我有一種小說觀。我總是被大量的回憶、形象、激情所感動，托爾斯泰在《戰爭與和平》中說得很好，這些東西會在一剎那間以不可計數的量湧入人的腦海。在我小說家的生涯中，我試圖看清這形象和回憶如何時而以其相似性，時而以其相

對性組合在腦子中。我認為，進行這種探索的唯一方法，就是借助於語言，語言本身可以幫助在以時鐘計數的時間裡、可測量的空間中分得很散的種種因素，建立起某些關係。

通過探索這種已經以形象（轉義、隱喻、換喻……）替我們講話並建立起網絡的語言，人們便可成功地發現一切是怎樣組織的，發現在眾多形象混亂的表面底下，實際存在著什麼樣的機械結構和秩序。

我的所有小說全在自傳的基礎上寫成。我構建了一個小世界，其中，人們看到相同的人物，每本書帶來的信息都不斷自我充實完善。不過這個題目也有點諷刺味道。因為，什麼是信息？無論如何，它是永遠不能補全的。巴爾扎克夢想寫出全部的世界，實際上人們永遠說不出一切。我的「補足」本身也有待補足，沒有盡頭。

我寫作的理由之一就是想看看將會說出什麼來，它總是比我最初的意願更加有趣。我沒有什麼理論，我事後所能做的，無非是談談我的經驗，提提意見。

至於與「新小說」的關係，很簡單，大家都發現傳統小說的形式已經死亡。從這點否定出來，我們每人沿自己特有的方向創作。非常幸運的是，這些方向十分相異。

八、巴爾加斯‧略薩〈靈感來得很慢〉

馬里奧‧巴爾加斯‧略薩（一九三六—　），秘魯作家。〈靈感來得很慢〉是略薩的一篇訪談，詳細講述了他的閱讀習慣、價

值取向與創作特性。

（一）題材選擇作家

　　我覺得是題材選擇作家，至少我的情況是這樣的。我總是有這麼一種感覺，有些事情我必須把它們寫出來，沒有辦法迴避它們，因為儘管我並不完全理解這些事情，但它們是同或者說曾經同某種基本和主要的生活經歷聯繫著。非要把它們寫出來不可。我猜想是這一切生活經歷在發生作用，而這經歷對我來說已變成了一種需要，要我去創作，去把它寫出來。

　　到目前為止，我的作品題材選擇差不多都是這樣。我從未感覺到是某種理性、冷靜和純粹的閉門造車方式決定寫某部作品的，往往是先有了一些事實、情節和人物，有時還要有某種想像力，接著這一切就會變成一股強大的、迫切的創作動力。因此，在文學創作中，我習慣談論純粹無理性的因素的重要性。

　　我希望讀者能像我讀我喜歡的小說一樣讀我的作品。那些強烈吸引我的小說，不是通過純粹的智力活動和說教使人理解，而是逐字逐句地迷住了我的心，也就是說這些小說變成了某種生活經歷，並以某種方式摧毀了我的整個批評能力，使我常常發問：「到底發生了什麼？將會發生什麼？」我喜歡讀這類小說，也喜歡寫這類小說。我認為重要的是整個不可避免的智力活動應該始終貫穿在小說中，並通過某種方式使其從根本上溶解在情節中，不要通過說教，而是利用情節的色彩、感覺、各種情感和喜好，通過它們的新穎和獨特性，通過懸念和神秘來抓住讀者的心。我覺得從根本上達到這一點才是寫小說的技巧，應該盡可能縮小或

者消除故事與讀者之間的距離。就這一點而言，我認為我是一位十九世紀的作家。

（二）如何寫作

題材確定之後，首當其衝的是構思，也就是圍繞某個人物，某種場面或者只是對頭腦中想起的某種事情進行思考。然後我就開始準備札記注釋，做卡片，勾劃出作品的大致輪廓，比如：什麼時候某個人物在這裡出場，在那裡離去；什麼時候另一個人物在那裡出場，在那裡離去；什麼時候另一個人物在那裡出現，在這裡消失。總而言之，擬訂出細緻的情節。當我開始動筆寫書時，再制定一個故事情節發展的總提綱。但我從不完全按提綱寫，提綱到後來往往被改得面目全非，但它對我開始寫作卻是很有用處的。然後我就開始動筆創作，我寫的進度很快，從不中斷，絲毫不去考慮什麼風格，情節的重複，矛盾等等。然後再將這一切都謄寫在稿紙上，因為這些未經推敲琢磨的素材對我非常有用，使我寫起小說來更有把握，對我來說這是創作中花費精力最大的一部分工作。我總是在把握不太大的情況下開始寫作，一寫起來從不知道會出現什麼樣的後果。小說初稿的寫作最令我苦惱，有時這一稿會占去我很多時間，一旦有了初稿，我對小說就有了把握，它就在你眼前，在那堆「岩漿」中，這是我對初稿的稱呼，或者說是一堆渾濁的物體，而我要寫的小說就在其中，彷彿就像隱藏在一大堆乾枯的樹葉下邊，隨著新到來的材料不斷的補充，各種不同人物的出現，重複的情節往往會消失。要寫的故事就擺在你的面前，需要去尋找，去消除雜質，這是寫作中最令人愉快的一

部分。

　　我覺得使我感到愜意的不光是創作，還有重新改寫，刪減，修改和出書，總而言之，我覺得這一部分工作才真正是寫作中最富有創作性的階段。

　　我從來不知道什麼時候會完成一部小說，從不知道，永遠也不會知道。有時我相信幾個月就會完成，但一寫起來就不知道用幾年才能完成。我覺得當我感到如果不結束某部小說，小說就要結束我時，這部小說就寫成了。或者說我的確達到了飽和的狀態，疲倦了，已經無法再承受了，於是作品就完成了。

　　我的靈感來得很慢，而且是一個循序漸進的過程。開始是一種煙霧瀰漫的狀態，一種憂慮，一種不安與好奇。我看到了一團非常朦朧混亂的東西。隨後便會產生一種興趣，求知欲，興奮和思考，緊接著便開始工作，整理資料卡片和寫出故事的梗概。等提綱寫好之後，我便開始寫作，但是那團朦朧模糊的東西仍然存在。對我來說，循環往復的寫作和嚴格的時間保證到一定時間是會產生這種靈感的。這種興奮狀態會向我揭示、展現和透露某種東西。當我進入了某部小說的故事情節中，情況就完全不同了，它變成了活生生的、重要的現實，並給我一種印象：我是在按照我寫的小說做一切事情。

　　或者說一切對我都有用，我所聽到、看到和讀到的，總之，一切都對我所寫的內容有幫助。我變成了一個對現實苦苦追求的人。但是要達到這種境地，首先必須承受苦修般的生活，這就是工作。

他的創作經驗也正代表了許多現代小說家的心聲。

參考書目

呂同六主編《二十世紀世界小說理論經典》北京市：華夏出版社，
　　1995 年 4 月

方祖燊《小說結構》臺北市：東大圖書公司，1995 年

魏飴《小說鑑賞入門》臺北市：萬卷樓圖書公司，1999 年

金健人《小說結構美學》臺北市：木鐸出版社，1988 年

伍蠡甫、林驤華編著《現代西方文論選》臺北市：書林出版公司，
　　1999 年 10 月

佛斯特著、李文彬譯《小說面面觀》臺北市：志文出版社，2002
　　年

米蘭・昆德拉著，孟湄譯《小說的藝術》香港：牛津大學出版社，
　　1993 年

中西小説發展過程中的
一些歧異現象

張　健

　　這個題目很大，我只能就個人所知所感發表己見。而且僅僅是以中國傳統小說為主體、西方小說為客體來從事比較。

　　一、新古典主義與浪漫主義：西方現代小說有一轉變，即由新古典主義轉化為浪漫主義，可舉《愛瑪》與《咆哮山莊》二書為例。由這一觀點來看中國的章回小說，我們可以說：中國重要的傳統小說中，合乎新古典主義條件的很少；換言之，中國的傳統小說（尤其是長篇小說），大致都是廣義的浪漫主義的作品。小說中的主要人物多半不能遵循社會的一般道德標準，而是情感的，有所超越的，往往也是悲劇的。我說「往往」，當然是意謂著若干例外。林語堂先生曾說：「西方的浪漫人物表示一種強烈衝動的情感，中國的浪漫人物則表示一種甜蜜幽靜的狀態。」（清算月亮）這話若就小說中的人物來印證，我們至少可修正為：「中國的浪漫人物則多半表現一種甜蜜（恬淡）幽靜的狀態。」最典型的代表作是《儒林外史》。我們不能說它是一部古典主義的作

品，因爲書中的主要人物都是與世俗的習氣或言行格格不入的。
雖然像虞育德、莊尙志等也是部分社會人士敬仰的對象，但他們
既不急於功名，又執守聖賢之道，也正是爲許多人所竊笑的，甚
至被視作「腐儒」。至於杜少卿夫婦、馬純上等，更不用說了。
但《儒林外史》卻並不是一部悲劇。《紅樓夢》就兼具「甜蜜幽
靜狀態」和「強烈衝動情感」的雙重性質，勉強說，《三國演義》
是局部帶有新古典傾向（如關羽一角）的作品，但整個的看來，
仍不免是浪漫的，悲劇的。明清的一些短篇小說，倒是比較近似
新古典主義的作品[1]。

　　二、中國傳統文學史中，嚴肅的小說和通俗小說很難作一清
二楚的界分：　這一點又跟西方的發展不同。我想至少有兩個原
因：一是在五四以前，中國素無職業作家。李漁也許是惟一的例
外。因此「爲稻粱謀」的問題根本跟寫作扯不上什麼關係。說得
遠一點，創作詩文還可以問鼎科舉場，間接的爲未來的生活開闢
一條大路；但小說卻從來不是科舉考試的題材。勉強說，話本小
說是爲了說話人謀生而寫的；但寫定、流傳下來的章回小說，仍
是經過非職業性的文人學者潤色，甚至改寫的（如俞樾之改寫平
話家石玉崑的《三俠五義》爲《七俠五義》）。因此從文學史的
立場看，這二者的分野是頗不鮮明的。另一個原因正是因爲由話
本小說（大致可謂之集體創作）到個人創作的小說（如《紅樓夢》、
《儒林外史》等），這當中關係相當密切，很難分出一條界線。

---

1 侯健先生認爲《金瓶梅》、《醒世姻緣傳》都可算是新古典主義的作品，個
　人不能同意。

譬如你不能說施耐庵等的《水滸傳》是通俗小說，陳忱的《水滸後傳》才是嚴肅小說；甚至《七俠五義》也有它嚴肅的一面。除非你把「嚴肅小說」或「藝術小說」的定義劃得非常狹窄，那麼合格的恐怕只有三五部了。

　　三、中國傳統小說中少見自白或懺悔錄這一型：西方的「羅曼史」（romance）譯作中文「傳奇」，實在是既入神又恰切，因為唐人傳奇與「羅曼史」的性質與題材都有類似之處，也許唐人傳奇的幅度更寬泛些而已。諷刺小說如《儒林外史》、《二十年目睹之怪現狀》、《官場現形記》（後二者近人把它們歸入「譴責小說」類，這是細分，就廣義的說法，當然仍屬於諷刺類）乃至《鏡花緣》等，也為數不寡。但自白和懺悔錄比較少見。《紅樓夢》是曹雪芹的自白和懺悔錄嗎？似乎頗有商酌的餘地。《花月痕》算一部[2]；《野叟曝言》也許可以算半部。除此以外似難找到更好的實例。

　　四、中國傳統小說中缺乏以少數人物為主體的作品：中國傳統社會雖然也重視人的價值，但往往是肯定人在家族中、社會中乃至全人類中的價值，而不是西方式的個人主義。中國雖然也有一些偏向個人情懷的作家，但大半是詩人；因此中國小說中儘管有《紅樓夢》、《水滸傳》等著重人物的作品，卻極少以一二特殊人物為題材的小說。《儒林外史》被譏為結構鬆懈，甚至被視作若干短篇的撮合，反而是例外之一。如果抉取跟杜少卿直接有

2　《花月痕》中的韋癡珠＋韓荷生＝作者魏子安。

關的情節改編爲一部《杜少卿》的中篇或長篇，就有點像西方的
《湯姆瓊斯》或《羅亭》之類的人物小說了。因爲他有完整的人
生觀及一個自足的生活世界。《野叟曝言》也可作如是觀（雖然
文白是一個有缺憾、甚至變態的人物）。不過比起西方小說史上
的成例之多來，真是望塵莫及。就毛姆所選出的所謂世界十大小
說來看，便有《高老頭》、《包華利夫人》、《湯姆瓊斯》、《大
衛高普菲爾德》、《卡拉馬佐夫兄弟》等五部是以一至三人爲書
名的，此外像《紅與黑》、《傲慢與偏見》其實也以刻劃一二主
角爲核心。中國的《老殘遊記》表面是以一人名爲書名的一部分，
其實老殘在書中的個性甚爲稀薄，更談不上什麼性格的發展，他
只是書中所寫自然景物及社會（含政治）事件的一個媒介而已，
有時甚至連觸媒的作用都極不顯著；再說得嚴重些，老殘在書中
時或只是一個道具。他的地位當然是不足與《威克斐牧師傳》中
的牧師相提並論的。

　　五、中國傳統小說中少有玄學式的佳構：中國哲學的發展過
程中，所謂玄學家頗多，莊子、僧肇，以及若干理學家都是。但
中國小說卻寫實意味特重，偶有寓言或象徵式的作品，卻很少玄
學式的內容，《老殘遊記》第十、第十一兩回記申東造山中夜遇
黃龍子和璵姑等的一大節[3]，可說是惟一的例外。《野叟曝言》裡

---

3 黃龍子（一位「面如渥丹」的長者）先說：「比如這個月亮，十五就明了，
　三十就暗了。上弦下弦就明暗各半了，那初三四裡的月亮只有一牙，……」
　由此推論「好即是壞，壞即是好。同那月球的明暗，是一個道理。」（十回）
　第十一回又說出「勢力尊者」遠超於上帝與阿修羅之上的一套宇宙論。璵姑
　也有不少託人的妙論。

的片段還不能算夠格。西方則以勞倫斯爲最佳代表，如《聖馬》（St. Mawr）中對於男女關係及人世其他現象的許多玄思誕想[4]，便是空前驚人或惑人的；勞氏其他作品中亦或多或少有之。此外，杜思妥也夫斯基的《卡拉馬佐夫兄弟》中有不少由基督教義引申而出的玄思。康拉德也有一些玄奧之想，如《黑暗之心》（Heart of Darkness）等。這種現象惟一的解釋是：話本之作原宜於雅俗共賞，而章回小說始終沒有完全脫離這一發展路向，所以避忌玄思，而略偏質實或寫真。

　　六、中國小說中欠缺悲壯雄放的偉大作品：這也跟中國的民族性和文化型態有關。靜定的、優柔的、從容的、農業社會的生活方式與意識，不容易向另一極端發展。所謂「天人合一」、或人與自然的契合，實爲中國文化的重心，或不斷追求的最高境界。因此陽剛悲壯之作，在詩中便少於所謂溫柔敦厚的作品，在小說中更是如此。《水滸傳》、《三國演義》可算例外，《水滸後傳》

4　《聖馬》中的玄思妙想，繁披紛陳，不一而足，茲引舉一段，以供鼎臠之嚐：「如果妳並不整天靠著火，如果妳並不吃任何煮過的食物或任何曾放在太陽底下的東西，只吃蕪菁、蘿蔔、豬菓一類的東西，不穿衣服，在滿月底下，妳就能看到月亮裡的人們，並且和他們相處在一起。他們從來沒有火，他們從不說話，他們的身體和冰凍食物一樣的乾淨。如果有一點兒火靠近他們，他們一分鐘裡就會死去。但是他們比我們知道得多。因爲除非火碰上他們，他們從來不死。他們看著人們活著，看著人們滅亡。他們說，人只是像樹上的枝條，你把他們從樹上折下來，用他們來燃火，他們便完了，火也完了，一切都完了。可是月亮裡的人不會死，火對他們毫無意義。他們從天空的遠處望它，看見它把東西都燒光，人們全像樹枝似的時隱時現，春來秋折，生火而逝。他們還說：人算什麼名堂，你一定要變成月童。然後你的一生中，火才不能使你瞎眼，人們也不能傷害你。因爲月圓的時候你可以隨月亮人在一起，穿過空氣，穿過寒冷的地方，經過岩石和樹幹，當你遇到睡在熱被窩裡的人，你罰他們。」（見拙譯《聖馬》頁一四八－－一一四八，水牛版。）

一半一半。至於《紅樓夢》，儘管王靜安先生在他的《紅樓夢評論》一書中譽為「壯美」（sublime）之巨著，就一般人閱讀時的感受而言，仍不易將它遽列入悲壯雄渾的行列。不像西方，雨果、杜思妥也夫斯基、巴爾札克，乃至美國的麥爾維爾、傑克倫敦、福克納、海明威等，都是豪邁雄放，或沈鬱厚重的。當然偶爾穿插豪情之寫照，在中國小說裡倒並不算少見。

　　七、中國小說中欠缺所謂「砂漏（hourglass）式」的小說：英國現代小說家福斯特（Forster）在他的《小說面面觀》（Aspects of the Novel）一書中，有一章題作型式（patterns），列舉「長鏈式」及「砂漏式」兩類。前者即一般循序發展，因果井然的作品；後者則指小說中的人物地位由始至終恰呈倒置狀態者。他所舉出的一部代表作是亨利・詹姆士的《奉使記》（The Ambassadors），該書中的男主角史垂則奉其好友寡婦鈕森姆夫人之請，由美國赴巴黎去勸說鈕氏之子查德威倦遊知返；因為查德威本應在美發展乃父遺下的事業，卻在巴黎迷戀了一位女性。史垂則本來在道義上和在利害關係上（可望婚娶鈕森姆夫人），都是只許成功，不許失敗的；不料一到巴黎，卻發現那位美國闊少已變成一位如此溫柔、文雅、從容的青年，幾乎經歷了一番脫胎換骨工夫似的。進而發現這原因來自那女人——維安妮夫人，她是他一生中所見最有風韻和教養的女性之一。於是他突然轉變了，不但不實踐他原有的使命，反而警告查德威：不得隨意委棄維安妮夫人而他去。倒是查德威自己，反倒有些動搖。這就等於是砂漏中原來在左上側的砂流到右下側，右上側的則流注到左下側了。這樣的個例至

少在中國傳統的長篇小說中是不容易找到的；中短篇小說裡也許有，但我直到目前還沒有找到。可能的搜索方向是馮夢龍編著的《三言》，凌濛初編著的《二拍》，以及蒲松齡的《聊齋誌異》[5]，紀昀的《閱微草堂筆記》等。不過，可以肯定的是：即使偶有一二例，也只是九牛之一毛。照理說：中國社會上相當流行「天道好還」、因果報應等觀念，這類小說並不是沒有大事發展的可能性。目前我只勉強想到一個例子：《醒世姻緣傳》，乃是後生報前生，虐待者變成被虐待者的佈局，但是因為二十二、三回便已作轉世的安排（共一百回），且非情節發展的自然結果，不像《奉使記》那樣具有均衡完整的典型性，嚴格說來，它還是算不上。

　　八、中國傳統小說中欠缺全面表現人類意識或關心人類命運的作品：中國自有其人道傳統，這可以說是儒家思想和大乘佛教信仰的合流。但是這種傳統竟然極少投影於中國的小說中，不能不說是一大憾事，也是一大怪事。大同理想既早已肇始於先秦時代（〈禮運大同篇〉），宋明的理學家及士子們又多事發揮：如張載所揭櫫的「民吾同胞，物我與也。」（〈西銘〉），范仲淹所自陳的「先天下之憂而憂」，陸、王所主倡的「宇宙內事是己份內事」，而明、清兩代的小說家中，儘管多的是知識份子和有心人，居然在這方面沒有一些夠份量的表現，實在令人百思不得其解。簡單明瞭的說：這兩代的小說家中，難道沒有一個具有杜甫的心靈和胸襟的人物？還是雖有而深藏不露？福克納的諾貝爾

5　〈馬介甫〉即一例。

文學獎得獎演說辭中，最鮮明的一句話便是：「我關心人類的命運。」這也正是許多大家的心聲。狄更斯、雨果、托爾斯泰、杜思妥也夫斯基、羅曼羅蘭，甚至更近的威爾士、奧威爾（George Orwell）、赫胥黎、卡繆、安波特、馬拉穆（Bernard Malamud）等等，都可劃入此一行列。中國呢？只有一個創造中國式烏托邦的陳忱，他的《水滸後傳》勉強可以說是關心整個社會命運的作品，但在這方面的表現實在還不夠；《老殘遊記》卷首有危船一夢的象徵，如果好好發展下去，大有可為，可惜虎頭蛇尾，甚至轉為小品文式的敷陳。這項大缺憾也許可以導致中國傳統小說發展不夠均衡、正常的結論。好在五四以後的小說家，已漸能注意這一方面的題材抉擇和深摯表現，由《駱駝祥子》到張愛玲的《秧歌》，都可說是悲天憫人之作。按：《紅樓夢》雖被王靜安譽為「哲學的，宇宙的」，且為中國文學中惟一能以「自律的」立場表現「解脫」人生之作，但在一般讀者的心目中，它幾乎很難跟「人類命運」問題連為一脈；即使細讀力索，也只能在近結尾時窺見或感受作者的別具用心。所以嚴格的說不能算是一個合格的例子。《紅樓夢》的人物刻劃自可說勝於《戰爭與和平》，但就它和人類命運的直接關係，或就它在這方面所能給予讀者的共鳴感來論，當然是瞠乎托翁的代表作之後的。

　　最後我必須聲明：以中國的小說而論，由接近成熟時期算起，不過是三四百年的歷史，而且作者及作品都有限，和源遠流長、大家輩出的西方小說作比，本來是不盡公平的。如果以詩比詩，諸多「缺乏」的也許反過來是西方而不是中國了。

苦澀的〈茉莉香片〉

張　健

「我給您沏的這一壺茉莉香片，也許是太苦了一點，……香港是一片華美的但是悲哀的城。」

這樣的開場白是既寫實又象徵的：香醇的也是苦澀的，華美的也是悲哀的，這是說香港，也是說一個年輕人的故事。

作者既兼為敘述者，因此不惜再給「聽眾」（讀者）一點必要的警告：「當心燙！」因為這對於敏感的心靈可能是一個燙舌燙手的故事。

首先介紹男主角：「穿了一件藍綢夾袍」，藍色是憂鬱的表徵；「捧著一疊書」，他是大學生 。「頭抵在玻璃上」，暗示他的自戀潛意識（對鏡自照）；「蒙古型的鵝蛋臉、淡眉毛、吊梢眼、襯著後面粉霞緞一般的花光，很有幾分女性美。」吊梢眼隱示他個性中彆扭的一面；女性美暗指他的陰陽怪氣。「惟有他的鼻子卻是過分的高了一點，與那纖柔的臉龐犯了沖」，剛柔對半，正是這位「二十上下的男孩子」的全面人格的寫照。[1]

---

1 本文中的文本均見皇冠版《張愛玲短篇小說集》。

　　隔了一段又交代女主角丹朱：「電燙的髮稍不很捲了，直直
的披了下來，像美國漫畫裡的紅印度小孩。滾圓的臉，曬成了赤
金色。眉眼濃秀，個子不高，可是很豐滿。」這位女主角處處與
男主角傳慶形成對比：傳慶有「窄窄的肩膀和細長的脖子」，丹
朱則個子不高而豐滿；傳慶是淡眉毛，丹朱卻「眉眼濃秀」；丹
朱像美國漫畫裡的紅印度小孩，傳慶則長著「蒙古型」的鵝蛋臉。
這樣的一男一女，天生注定了是矛盾重重，要「犯沖」的。

　　一開始在公共汽車裡，就是丹朱向傳慶搭訕，傳慶只是應
對，只是「防守」。「丹朱總是找著他。在學校裡，誰都不理他。」
「他不懂她的存心。」

　　真的，丹朱為什麼如此這般？她是校花，又是名教授言子夜
的女兒，「她並不短少朋友。」也許因為：一、他長得清秀，二、
看他落寞，激起她的同情心，三、在冥冥之中，她是他可能的「姊
妹」，因為言子夜曾是傳慶母親的情人。四、她把他當女孩子看
待，且視作知音。

　　聶傳慶的姓長著三隻耳朵，可是對言丹朱的軟「言」蜜語，
似乎都不太「來電」。為什麼？因為他自戀、自卑，又恨人。「他
自己覺得不得人心，越發的避著人，可是他躲不了丹朱。」

　　他最恨的是他父親、他的繼母。此外還有劉媽（女佣）。為
什麼恨劉媽，因為「寒天裡，人凍得木木的，倒也罷了，一點點
的微溫，更使他覺得冷得澈骨酸心。」

　　而父母對他，既不關心，又一貫地冷嘲熱諷，父親甚至說他
「三分像人，七分像鬼」；他對他們倆，已經完全沒有一絲一毫

的愛。

　　他對「中國文學史」教授言子夜是又敬又畏，但是教授卻看不上他，給他低分；他母親馮碧落（碧落是該配子夜的──「碧海青天夜夜心」！）曾有可能許配給子夜，卻被她的老姨娘婉拒了，說不定言子夜知道傳慶就是碧落的兒子，情不自禁地見到他就生氣，也可能潛意識中有一種「愛之深、責之切」的情懷。碧落嫁到聶家，是「清醒的犧牲」，而傳慶則念茲在茲的想：「差一點，他就是 言子夜的孩子，言丹朱的哥哥。也許他就是言丹朱。有了他，就沒有她。」可是現在的他，卻是被命運殘酷地佈弄的可憐人，「跑不了！跑不了！」既跑不脫言丹朱的糾纏，又擺不掉命運的羅網，還有那言子夜：甚至回答一聲點名，他都會「疑心自己的聲音有些異樣，先把臉急紅了。」

　　他既欣賞言子夜的男性美（包括他所穿的長袍），又傾慕他。丹朱修科學，偏來選文學史，還希望跟傳慶坐在一起，「鼻子上亮瑩瑩的略微有點油汗，使她更像一個噴水池裡濕濡的銅像。」可是他對丹朱卻挑剔不已，心裡說她「淺薄無聊」，「他對於丹朱的憎恨，正像他對于言子夜的畸形的傾慕，與日俱增。」

　　對於傳慶，連校園的景象也是充滿壓力感的：「滿天堆著石青的雲」，「雲和樹……一點兒黑壓壓擁成了一團，一點兒又化為一蓬綠氣，散了開了」，「石青」、「黑壓壓」、「綠氣」（在這兒連綠色也似乎帶點邪門味）……在在使他感到「淒然」。（而且，文中特地交代他喜歡「黑色」。）

　　言子夜在課堂上當場斥責傳慶，又罵他當眾失聲而哭，「中

國的青年都像了你，中國早該亡了！」並把他趕出課堂。丹朱的安慰只是徒然，甚至還引起他的反感。「傳慶只覺得胸頭充塞了吐不出來的冤鬱。」

這一切——包括他心中新萌生的對子夜的恨——終於在當晚華南大學男生宿舍的聖誕舞會後爆發出來了。

傳慶其實並沒參加舞會，父親因爲他已買了票，逼他去參加，以免吃虧，他又在山中亂走，卻遇上了散會後出來的丹朱，他對她又恨又愛，但不適時的表達卻造成了更大的尷尬場面：他由「如果她愛他的話，他就有支配她的權力……那是他唯一的報復的希望」到「你是過去與未來。你是神。」（他對她傾訴）再到「那麼，你不愛我。一點也不。」乃至「你簡直不拿我當人！」在心理上一波四折，浪濤起伏，一如山中的風和樹，終竟達到了一個導致爆炸的飽和點：

「告訴你，我要你死！有了你，就沒有我。有了我，就沒有你！」

他把上一代的愛恨、這一天的愛恨、以及他對丹朱的愛恨情欲一股腦兒的宣洩出來：

「他用一隻手臂緊緊挾她的雙肩，另一隻手就將她的頭拚命地向下按，似乎要把她的頭縮回到脖子裡去。」諷刺的是，似乎這也回應了丹朱剛才說的：「你也得放出點男子氣概來」！

這樣的高潮，對讀者來說，真是驚天動地，——至少也是「晴天霹靂」，不過因爲作者張愛玲能夠步步爲營的安排、發展，所以竟也可以說是「水到渠成」。

　　高潮之後的收結也夠得上乾淨俐落：「丹朱沒有死。隔兩天開學了，他還得在學校裡見到她。他跑不了。」這最後四個字真是字字千鈞！

　　我們讀完這篇小說，大可平平靜靜地說：「這是一個心理變態的青年！」但是作者的意匠經營，使得這個故事血肉飽滿，聲光俱見。聶傳慶是張愛玲筆下一個不朽的塑造！其他如丹朱、子夜，只是適如其份的襯托而已。[2]

---

2 張愛玲的小說多以女性人物為重心，本篇是一大例外。

《連城訣》的主題、人物與情節

張　健

一、主題

　　金庸的小說世界中，有愛情，有仇恨，有俠義，有人性，有成長，有失落，有人生哲理，有幽默，有嘲諷，有時更有歷史背景和歷史事件。

　　在諸多金庸的皇皇鉅著中，《連城訣》似乎只是一本不起眼的小書，甚或可以稱之爲「金庸小品」。爲什麼？因爲金庸小說如《大漠英雄傳》、《神鵰俠侶》、《鹿鼎記》、《天龍八部》、《倚天屠龍記》、《笑傲江湖》等，均有百萬字以上的篇幅，《書劍江山》、《俠客行》、《飛狐外傳》等也有五十萬字以上，而《連城訣》卻不到三十萬字，比起以上諸書，自是「小巫見大巫」。但是，篇幅的大小並不是決定一部文學著作之價值的最主要條件，我們試仔細閱讀《連城訣》全書，便可知悉，此書中除了歷史事件，上舉諸端可謂無一不具備，正應了「麻雀雖小，五臟俱全」那句老話。而且以結構而言，亦綿密到幾乎無懈可擊。

　　乍看之下，這部《連城訣》的主題是很簡單的，「貪財者死」四字而已。

　　其實又不盡然。

　　一大群「逐鹿」者表面上追尋的是武林秘笈連城劍譜和劍訣，其實他們真正要追索的，是傳說梁元帝暗藏的大寶藏。這個重要的訊息，作者早在全書未踰半時，便有意無意地透露給讀者了。敏銳的讀者未必會十分驚愕：因為現代武俠小說中招數，實際上不限於武功武術，更擴及情節的詭異多變，甚至挾帶偵探小說、推理小說的勁勢。古龍如此，金庸也不免如此。若以三人相比照，另一「大俠」梁羽生就顯得稍稍「平淡」了。不過古龍之詭，有時不免牽強附會，金庸之變，則十九合情合理，如將他和西方小說家比較，金庸小說中的巧合略等同於（或近似）英國十九世紀的狄更斯。

　　不過這一出乎意料之外的主線安排，其實也正展示了作者的一大主題經營：貪之一字，不限一隅：財可以貪，色可以貪，權勢可以貪，武功武術也可以貪。本書中把這些不同領域的貪婪全都撮合在一起了。

　　萬圭為了貪圖戚芳的美色，定下了毒計，把自己師伯的大弟子狄雲誣陷了，終於達成自己的目的，娶到了被蒙在鼓裡的戚芳，但最後仍不顧情義，親手殺了有情有義的妻子，自己也難逃報應；吳坎為了貪她（同一個戚芳）的美色，也作了背叛師兄的行為，很快就被識破、殺死；連身為長輩的花鐵幹，也對水笙色迷迷的。這是一大貪。

　　對於武功秘笈之貪，更是武林中人有志一同：梅念笙三徒對師父毫無情義，可說合貪財、貪權勢、貪武功於一爐之中。最後，他們都獲得了應有的果報。

　　一個貪字之外，當然還有更正面意義的主題：情與義。

　　一個傻乎乎的鄉下孩子狄雲，受盡冤屈和艱辛，但終因一以貫之的忠誠憨厚耿直，使他突破重重雲霾和險阻，重見天日，保女佑己，並獲得另一有情佳人水笙。這不正是「善有善報」的最佳寫照？

　　另一對有情有義的儔侶丁典與凌霜花，雖然受苦受難，最後均不得佳終，但他們的朋友狄雲終竟完成了為他們合葬的許諾，並在墳前遍植他們生前酷愛並以之定情傳情的菊花，二人也可說飲恨復釋憾於九泉之下了。

　　最讓人惋惜的是戚芳：她少不更事，誤信人言，冤枉了自己的小情人狄雲，甚至誤入萬圭的圈套，成了他的妻子，為他持家生女；但她了解真相之後，立即改絃更轍設法維護狄雲，儘管她的力量非常薄弱，最後不得不死於「婦人之仁」，但她的一腔柔情，已著實獲得真正的歸依，狄雲為她復了仇，並立心養護她的孩子，勉強說來，可憐復可敬的戚芳已得到了「詩的正義」（Poetic justice）。

　　相對說來，水笙的存在反倒像一個傳奇故事的女主角，她最後又等到了狄雲，更是傳奇中的傳奇，這使得全書更像一個「通俗劇」（melodrama）。不過也正因為這樣，作者才更深摯地強化了他的第一主題：世間的至情至義，終必完成一圓滿的生命境界。

這是他在其他若干作品——諸如《神鵰俠侶》——中也曾竭力予以揭櫫的。

二、人物

《連城訣》中的人物不多也不少,正符合一部優秀長篇小說的需求。

試舉其較重要者加以析論。

(一)狄雲

狄字代表耿直忠烈,吾人很容易聯想到歷史上的名將狄青;雲字暗含「義薄雲天」的旨意。

狄雲的個性,從表面看,是一個粗魯不文的鄉下孩子:譬如他在萬震山眾徒合攻他又吹噓說萬圭打敗他之後,還挨了師父一記耳光,便在狂怒之下,牛脾氣發作,突然縱身跳起,搶過放在身後几上的長劍,拔劍出鞘,躍到廳心大叫:「師父,這萬……萬圭說打敗了我,教他再打打看。」甚至口不擇言,亂罵起來,便是一個例證。

其實他是一個性情憨厚的人,從他對師父的忠誠(甚至師父要殺他他都不反抗,只傷心)、對師妹戚芳的痴情、對水笙的高貴的純情,以及對師叔言達平的近乎愚昧的寬諒,都在在顯示這一特質。對他的情敵兼大仇人萬圭,他本可一劍把他刺死,卻偏

在緊要關頭「轉念」：「我殺他不殺？」因而錯失時機（因為萬圭是戚芳的丈夫呀。）如此厚道之人，舉世罕見，卻又在在切合情理。這是作者人物創造上的一大成果。

同時他也是耿直的人，桃紅誣他非禮，他還不覺嚴重，發現連師妹也疑他，他才覺心中的痛楚比肉體上的疼痛更勝百倍，但他不怨，只覺「有千言萬語要向戚芳辯白，可是……半句話也說不出來。」對老丐（言達平）許諾不洩其秘，也說得十分鄭重：「我要是洩漏一字半語，教我天誅地滅。」為了保護師父、師妹，他可以拚命忘死。

他的正義感也不可小覷。為了保護丁典（那個常虐打他的人）不被獄吏打死，他奮不顧身，攔住牢門，喝道：「不許進來」幾乎賠上自己的性命。對於誤會他、鄙視他的水笙，他更不遺餘力的保護（那時他倆還沒沾上一點「情」字），儼然具有西洋中古時期的騎士精神。

狄雲不是《大漠英雄傳》的郭靖，不是《神鵰俠侶》中的楊過，不是《天龍八部》中的蕭峰，他不是什麼偉大的英雄；當然他也不是《鹿鼎記》中的韋小寶——那個出色潑剌的「反英雄」，但他是一個平凡的人，具備與生俱來的至情至性，他的平凡，也正所以成就他的不平凡。

（二）戚芳

一朵芬芳的花，但生命的憂戚籠罩著她，使她經歷一波三折的命運，最後還含憾而死。

她是一個頑皮嬌縱的女孩,由她和狄雲練武一幕,可以洞見此一特質。

她最初是一個沒見過世面的鄉下女孩。卜垣初來她家拜見乃父時戚芳躲在狄雲背後,也不見禮,只點頭笑了笑。足見她內向的一面。

但她的天真,使她更具備吸引人的特色,(當然也配合了她的美麗)。第一回中作者安排了她和家養水牛大黃的一段對話(「大黃,人家要宰你,你就用角撞他,自己逃回家。」)尤能流露她的天真爛漫。

當狄雲被人誣陷時,戚芳臉上的神色又是傷心,又是鄙夷,又是憤怒;接著「啊」的一聲,哭了出來,說:「我⋯⋯我還是死了的好。」又足見她天真無知,容易受人愚弄。

但更重要的是,她是一個具有至情至性的好女子。她雖然誤會了狄雲,但當萬圭帶她到獄中探望時,她仍舊誼難忘,難以自抑之情,溢於言表——

她大叫:「師哥,師哥!」撲到了鐵柵欄旁。

但見她雙目紅腫,只叫「師哥,師哥,你⋯⋯你⋯⋯。」這寥寥數字,實不啻千鈞之重。

第十回她由吳坎口中得知一切真相,只覺如刀扎心,不禁低呼:「我⋯⋯我錯怪了你,冤枉了你」身子搖搖晃晃,便欲摔倒。

她儘管已知丈夫萬圭是壞人,卻仍懷著「嫁雞隨雞」、「這些年他畢竟對我不壞」等念頭,一再寬容他,赦免他。

如此至性至情、有恩有義的女子,世間亦恐難得。作者用了

略次於男主角的筆墨來傳寫她，足見一番苦心孤詣。她和狄雲，都是兼具類型性和個性的「典型人物」，也是英國小說家佛斯特所說的「立體人物」（round character），圓滿飽足，令人久久難忘。

（三）丁典

丁典是一個典型的壯丁——一個鐵錚錚的男子漢，足可當得起「俠骨柔情」四字。他對凌霜華的愛，由痴到狂，由無望到有緣，由生到死，其貞烈，其深永，幾於無以復加。凌霜華亦足以襯配之。

他的瘋狂狠魯，他的世故練達，跟同牢的狄雲形成一個很好的對比。他起先懷疑狄雲是臥底的，一再地侮辱他，毆打他，但當他認識了對方的真面目之後，便真誠以待，剖心瀝肝，有情有義，甚至以生死相託，他能在危難中出手相救對他有仇的凌知府，他也能義助為三徒所逼害的梅念笙，……儘管他對人間世已失望透頂，卻仍執著地懷持一份情愛，一線希望，最後凝結為「與伊合葬」之一念。和他比起來，凌知府，武林諸多高手……均彷彿若塵土。

（四）萬震山、戚長發、言達平

這三位師兄弟，表面上各有不同的個性；功夫好，世故，陰詐，神出鬼沒，則為三人之所同。

三人所不同的則是：

　　戚長發是一個鄉下武士，故言行不免三五分粗率與鄉氣，如卜桓說他師父萬震山已把連城劍法練成了，戚不禁一驚，將酒碗重重往桌上一放，小半碗酒都潑了出來……他呆了一陣，突然哈哈大笑：「他媽的，好小子，你師父從小就愛吹牛。」這一段把他的諸般性格特質一一洩出。比起萬和言二人，他多少還有些忠厚之處，由一、二回中所述諸事可以看出。倒是丁典在第二回末中所描述的外號「鐵鎖橫江」暗示的「聰明機變」，在小說中卻很少機會展露。這可說是作者的一個小小的疏忽。

　　相對的，萬震山是一個陰險狠辣、城府極深的人，表面上，他似乎也具有一些正義感，如面對呂通，他說出「似你這等人物，武功越強，害人越多。姓萬的年紀雖老，只得來領教領教。」顯示他武林正統的身分，但他屢次用假冒對方聲腔的方式殺人藏屍，以及對家人（兒媳）、徒弟的絕情手段，令人不寒而慄。作者也偶然賦予他一些幽默感，如說呂通屎攻是「家裡堆滿了黃金萬兩使不完」。

　　言達平一開始便扮老丐出場，始終都保持相當程度的神秘性，因此其個性也稍覺模糊，但其為萬、戚一丘之貉，讀者由正側面都可以了然察知。

（五）萬圭

　　一個公子哥兒，玉立俊美，小有本領，慣於仗勢欺人，自私任性，自我中心，陰詐過人，有時偽示正義感和同情心，以騙取意中人的情感。這樣的人物，雖有不少戲，卻只能歸類為「平面

人物」（flat character）。圭者龜也。

（六）水笙

一個可愛而有個性的女子，但她的性格發展不免受囿於情節安排。

餘如卜桓、吳坎，均可當作萬圭的影子或分身。桃紅，典型封建社會中的弱女子，說可惡不如說可憐。她在書中，多少發生了穿針引線的功能。

三、情節

以《連城訣》的情節論，它其實是由三個故事所組成：

（一）梅門諸徒爭秘笈及藏寶訣。

（二）狄雲成長奮鬥史——是一部典型的「成長小說」。

（三）丁典與凌霜華的生死戀。

在這三個故事中，大主角狄雲是唯一貫穿其間的人物，在第一個故事中，他始終是配角，但也不時成為關鍵人物；第二個故事中，他是男主角，女主角有二：戚芳、水笙，一之芳潔，雖一度受污而終告澄清，一之似水笙音，初不與男主角相諧，而終於撥雲霧見天日，合奏成樂。第三個故事中，狄雲是大配角，他的地位隨時間的變遷而逐漸重要，幾幾乎與男女主角鼎足而三。

作者用一雙巧手把三個故事的大綱小絲交織在一起，時而順

水推舟，時而逆顧，時而穿插，時而映照，使整部小說如一氣呵成，前後幾無隙縫。

如果我要挑剔，我願意說：寶象、狄雲兩人與水岱諸人相鬥一節，未免稍嫌冗長。當然，以一般武俠小說的尺度來說，比這更長更繁的打鬥場面還多著呢，可謂不勝枚舉。但是倘若把《連城訣》當作一部文學著作看待，這一部分便有斟酌剪裁的餘地。

還有，連城劍譜訣藏在《唐詩選輯》中的一段情節，也未免是巧合中的巧合（後來是戚芳的熱淚使它洩了底）；何況，戚長發發現此書失蹤後，照理似應向女兒或狄雲尋取（這至少是一大可能），但他卻一直隱而不出，說來未免牽強可疑。（按此書先被戚芳收在山洞裡，後由狄雲攜在身邊，終又復返戚芳手中）。

總之，《連城訣》是一部容易被人忽視的金庸佳作，展示了人生中不少真諦，也塑造了若干不朽人物，情節結構則大醇小疵。餘如敘事觀點的活潑運用、時空的交錯運作等，亦均有值得稱許肯定的地方。

附注：本文所引《連城訣》文本皆根據 1984 年 4 月臺北遠
　　　景出版公司之版本。

唐捐小說中的詩意語言
──以〈感應〉為例

張　健

　　唐捐[1]是一位詩人，也是一位中文系出身的學者，縱橫於古典、現代之間，復優遊於詩與小說之際。

　　作爲他的老師，他給了我三大震撼：

一、對語言的高度敏感與成熟把持。

二、對宋詩（他的碩士論文題目是《王荆公金陵詩研究》）的精深研究，尤其出於一位碩士研究生之手，其成績不遜於積年的學者。

三、對現代詩的深刻體認及真摯投入。

這幾乎是我四十年教學生涯中的一個奇特紀錄。

如今閱讀他的小說集《大規模的沉默》[2]，更令我驚詫不已。

你如果是《大規模的沉默》的讀者，第一個印象是：這到底

---

1 唐捐生於一九六八年，本名劉正忠，二○○一年初獲得台大文學博士學位。現任東吳大學中文系助理教授。
2 一九九九年八月由聯合文學出版社出版，全書計 221 頁。

是一本小說集？散文集？還是散文詩集？

　　我的答案是：這乃是一本詩意盎然的短篇小說集。

　　現在我要嘗試把此集中的一篇——〈感應〉做一個深膩的解讀。

　　這篇小說主要寫「我」的家鄉中的一場扶乩、出殯故事。主角也許是死者「張代表」，也許是乩童阿昌，也許是「我（和我的亡父）」，也許是整個村莊。你甚至可以說：是整個台灣某一時段的鄉村社會。也許，這裡根本沒有主角。

　　試看唐捐如何運用詩的語言以及詩人的敏銳感受，勾勒出一幅台灣鄉村的壁畫。

　　首段開宗明義，以「木錘」為主體，展出一幅形象與聲音的蒙太奇：

　　　　木錘在蛇皮大鼓上起落，有一種沉重的聲響從乾燥的鼓面爆出，持續爆出，像熱烈的浪花從海面上拔起再拔起。蛇皮一定想念溫潤的血肉，一如老舊的木錘想念遙遠的森林。咚，咚，咚咚，沉悶的鼓點之間，交雜著混濁的鑼鈸與嗩吶。人群圍觀，刀斧和血肉碰撞。[3]

　　這分明是一首散文詩，有其獨立的生命。可以逕命名為〈沉重〉或〈沉重的聲響〉。木錘，蛇皮大鼓，鼓面；鑼鈸，嗩吶；人群，刀斧。……在聲響與聲響間凝結、交雜、擴散……

　　作者運用了一個鮮活的明喻：「像熱烈的浪花從海面上拔起

3　《大規模的沉默》，頁 135。聯合文學出版社一九九九年版，下同。

再拔起。」浪花而綴以「熱烈」的形容詞，再以「拔起」的動詞重複鎮定之、呼應之，造成了極大的張力。

　　然後是一個擬人法的構思：「蛇皮一定想念溫潤的血肉」。蛇皮早已成鼓，牠的血與肉早已杳然，但這一「想念」並非徒然的修辭馳騁或裝飾趣味，作者立即用另一密接的譬喻落實它，配襯它：「一如老舊的木錘想念遙遠的森林。」好了，蛇皮（鼓面）、血肉、木錘、森林自然而然卻又有些詭譎地連綴在一起了。現在，刀斧便如龍睛般地霍然呈現。刀割蛇得蛇皮，然後製成鼓；斧砍森林之木，得木材，然後製成木錘。多麼詩意的流洩，同時又是多麼合乎邏輯的推演。

　　繼之以咚咚的「鼓點」，交雜著鑼鈸與嗩吶聲。三種聲音，正足以代表人間的淒清、喧囂、激揚與頹唐。

　　人群圍觀本是最尋常的寫景，然而下連以「刀斧與血肉碰撞」，不但承先啓後，而且大開大闔：人間刀斧，無所不在。

　　但是唐捐偏偏還在這一架構（structure）中佈列一些特殊的肌理（texture）：如「溫潤的血肉」之「溫潤」，「遙遠的森林」的「遙遠」，「熱烈的浪花」的「熱烈」，於此展現人間之複雜性。

　　第二段以「那具血肉是我所熟悉的」始，而繼之以「雖然他手上的刀斧是我感官範疇以外的事物」。這是一種文學上的對位法。這回刀不砍蛇，而向背部砍去，然後「鮮紅的液體從黝黑的

背脊滑落」[4]。接著用「火一旦碰觸鞭炮的軀體，貯藏在內裡的巨大聲響就會衝出……」來烘襯、比喻「刀斧一旦和血肉碰觸，撼人的景象使鼻樑上的眼鏡變得沉重起來。」[5]

「陽光裡有灰塵上昇，有煙味飄搖，可能還有些模糊的概念在其中凝聚。」乍看其中的「模糊的概念」有些子虛矯不落實，但讀到篇末，讀者當自會心領神會。擬人法的運作貫穿全篇：「喧囂的人聲忽然加濃加劇，顯然不肯輸給粗獷的樂器。」「巨大的神靈，幻妙的神靈，用有力的形象展現自己的存在。」[6]「彷彿連沉沉下垂的水稻都要挺直腰桿，眺望這一切。」[7]人聲、神靈、水稻，或半抽象，或抽象，或具體，都可以「人而存之」。

接下來作者又提點要竅：「神秘的經驗在我的心智上逗留，像瓷碗上沾染一點點油漬」，這也就夠了，偏生他還要乘勝追擊——「你很難斷定它先前盛載過什麼。」[8]

這種「神秘」的體悟使我們感到心中恍恍惚惚，而這也正是作者所要造構的意境。

在第二節裡，唐捐又巧妙地運用了麥克風這一道具，弔詭地寫出了現代文明如何滲入一個原本純樸的「僻壤」：[9]

　　想想看，只要誰手上握有一支麥克風，就可以把聲音灌

---

4 同上，頁 136。
5 同上。
6 同上書，頁 136。
7 同上書，頁 137。
8 同上書。
9 同上書，頁 138。

進去，分送到各個家庭，哺乳其耳目。這讓訊息的傳播像水電一樣方便迅捷，把全鄉聯結成緊密的感應圈。然而扭開水龍頭，關掉電燈，都操之在我；聽不聽這大大小小的消息，可就由不得你了。

這本是以一個比喻（明喻）爲主幹的一段雜文式陳述，可是由於譬喻中的喻依和喻體在同似之外，又悠然地展示了它不大不小的對立性，於是這原本不想太驚動讀者耳目的一小節文字，竟亦呈現其頗爲可觀的張力了。

三月初三玄天上帝生日，鑼鼓喧天，加上巷中辦喪事，「兩種氣氛相互交融，使我們的巷子翻騰如洗衣機的水槽。」[10]把宗教氣氛轉喻爲生活中常事常物，正是作者的一大擅場。

第三節開始，作者由外返內，陳述我、我家、我父。

先寫我——「蟄居故鄉，撰作論文」，一本正經，一板一眼，後寫我家及我家巷子：「……雞鳴與狗吠，一切都像老舊的棉被，棉絮早已不再蓬鬆，卻比新被妥貼親切，有一種令人感到安全的溫暖。」雞、狗、新被、舊被；而「安全的溫暖」又與前文「供桌堅實而寬大」遙相呼應[11]。其實此段更值得讚許的是平實與華美的對位。

下段乘勝追擊——「我常覺得這巷子像一個長筒式的花瓶，盛著淺淺的水，供養一片生機。」[12]

---

10 同上書，頁 138。
11 同上書，頁 139。
12 同上。

　　接著，泛說的「狗吠」落實爲「巷底一戶人家，在門前養了許多獵犬……」[13]繼而戛然一轉，近處木魚，遠處鑼鼓取代了雞狗吠鳴。我被外界滲透，繞室徬徨，我父乃正式「登場」──是父親的遺像。如何如何之後，加上一句「身後則有一座螺旋狀的扶梯向上盤旋」[14]，這麼一來，父親的形象立體化[15]了，生命原本如此迂曲複雜，何況「那些堂皇的背景也都充滿破綻。」

　　下一段更由平易翻爲詭異：先說那年代鄉下人的照片製作法，末了令人爲之愕然：「（父親遺照）除了頭部，其他都是彩色的。」照片的「演義」已夠炫了，下段卻又「挑出」一本《太上感應篇彙註》以及它的「莫名其妙的語言韻律」（豈止於語言韻律！）這就是本篇「大開」的前兆。

　　果不其然，四節以後，「鼓錘密集上下，鑼鈸急切開合。」[16]神明聖誕已近，沒有起乩徵兆，如何如何，「應則仰愧於天俯作於地，平視則又對不起山川草木」，如此緊張的氛圍下，作者卻用一句孔孟家古語、另一句詩的特餐，兜合成令人肅然復忍俊不住的情境。

　　阿昌（乩童）、「身著蟬翼的少女」、「潦草的歌舞」[17]、「花俏的笑話」……令人目不暇接，卻又整然有序。

---

13 同上，頁 139。
14 同上書，頁 140。
15 此指父親形象，而非意指佛斯特（E.M. Forster）所謂立體人物（Round Character）。
16 以下見同書頁 141。
17 以下見同書頁 142。

　　阿昌逃走，眾人感歎，更用力地敲鑼打鼓，三月三，「整個鄉里沸騰如鍋，熱烈的氣氛衝激著鍋蓋，發出鏗鏘的聲響。」而浪子回頭的阿昌已能熟練地操弄刀斧，這豈不是把前面（首段）的伏筆一一由囊中掏出？

　　五節轉寫張代表之出殯。「銀閃閃的花粉從抖動的法鈴中流出再流出，冥紙飛舞如春日的蝴蝶，亢奮的火焰手舞足蹈。」「道士的嘴巴像一道不竭泉源，持續冒出神秘的語音。」[18]「神志為之迷離恍惚，如同蒸煮中的咖啡，不能沉澱下來。」作者本是詩人，信手拈來，盡是妙喻，使人恍惚覺得是讀一首長詩中的片段。但他也不忘小說本位，「人鬼之間，正通過符籙法術舉行家族聚會。」就這一句，也是寫實象喻合一的。

　　五節後半有一突破，即假借《太上感應篇》一書討論神人之間的種種，總結是誠懇而復反諷意味十足的：

　　　　原來我們身體中的某一個器官竟是老天爺的偵測器，不僅可以監視、竊聽，還能探知隱微的意念……[19]

　　父親的遺像再現，其實只是一個心靈的投影。超現實藝術的趣味、象徵的符碼[20]、心電和契入……，這最後兩段，簡直是一篇神靈小論。

　　末節中作者再展動詞的神威，依然是詩家筆法的經營：

　　　　嗩吶鼓吹大肆張揚，哭調仔灌入麥克風，通過線路，遂

18　以下均見頁 143。
19　見同書頁 144。
20　同書頁 144。

從喇叭裡流洩出來。大口大口的煙霧從繞著冥紙的火爐裡竄出，如白蛇，如黑熊，如軟趴趴的恐龍，跌跌撞撞投入雲的懷抱。[21]

「大肆張揚」是成語，但在「嗩吶鼓吹」四字下，格外顯得響亮。「灌入」、「流洩」、「竄出」、「投入」，前後佈列，卻又兩兩相對。「竄」字從「鼠」，卻緊接蛇、熊和「軟趴趴的恐龍」，作者之匠心妙用，由此可見一斑。而最後投入的乃是「雲的懷抱」，妙在「懷」「抱」二字，本來亦是動詞。

所有隊伍「擠出」他們的聲音，千萬道音波陸陸續續「注入」七竅，耳目「飄搖」，吃力「含住」急欲四面八方「迸散」的細胞[22]，凡此均為牛刀小試，而不可否認的，詩神已嚴重地侵略了小說王國。

末二段又歌頌擴音器，恰好是首二段之對應——那兒是麥克風，「能將蒼蠅擴充為飛鳥、飛機，將微羽的清煙擴充為五彩祥雲，將呻吟嘆息擴充為雷電風雨……能夠將一縷亡魂提昇為龐碩的神靈……」[23]偉哉！之所以連用三個「擴充」，決非作者詞窮，乃因主語與受語之間的緊張夸誕關係，使「擴充」這一小將，因而得以大展長才。之後的「提昇」，也因而能夠安享主帥的職位。

末了一句，優哉游哉，卻仍不忘施展作者的慣技——或然的動詞掛帥——「……我以這些瑣碎的見聞來『補箋』一部古老的

---

21 同書頁 145。
22 均見書頁 145 末段。
23 同書頁 146。

經書」，此「補箋」非彼「補箋」！是人間的補箋，生命的補箋！

　　我父、我家、我鄉、我神、我紳（張代表）、我鬼！唐捐在眾生睽睽、眾神睽睽下完成了一巨幅的故鄉浮世繪！

　　也許，最後值得提出的一個問題是：明天的唐捐，能否用純散文的語言寫成一篇或一部小說──鄉土的或現代的──？